LE

ROI D'YVETOT

Journal Officiel du Pays de Caux

PUBLIÉ PAR

A. GRANDGUILLOT

1215ᵉ ANNÉE. — Nᵒ 99,999

EN VENTE

A L'IMPRIMERIE ROYALE D'YVETOT

ET CHEZ TOUS LES LIBRAIRES DE PARIS

1873

1215ᵉ Année de la Monarchie — N° 99,999 — Jeudi 16 octobre 1873

LE ROI D'YVETOT

JOURNAL OFFICIEL DU PAYS DE CAUX

« *Allons, Gros-Jean, aux Estats !* » (Satyre Ménip.)

AVIS

Le Journal officiel du pays de Caux n'ayant pu trouver de nom d'éditeur paraît sous le nom seul de son rédacteur en chef. On était plus brave, en librairie, du temps de la Ligue ; Jamar Métayer consentait à couvrir les auteurs de la Satyre Ménippée *qui demeuraient masqués. Et pourtant quel contraste et quelle distance entre le rire éclatant, gouailleur, implacable de la* Ménippée, *et le sourire timidement, discrètement moqueur du* Roi d'Yvetot.

SOMMAIRE

PARTIE OFFICIELLE

PROCLAMATION DE S. M. LE ROI

Bonnes gens d'Yvetot et du pays de Caux,

Il a plu à la divine Providence de mettre fin, du même coup, à mon exil et à vos malheurs. Que son nom soit à jamais béni !

Je ne vous parlerai pas de l'antiquité de ma race. La dynastie de Pierre Chenu est antérieure de trois siècles à celle de Hugues Capet ; je n'en suis pas plus fier pour cela. Mais elle ne tire son origine ni de l'ambition, ni de la conquête ; elle la doit uniquement à votre dévouement et à votre amour pour mon grand aïeul, et je m'en glorifie (1).

J'ai hâte de vous dire, bonnes gens d'Yvetot et du pays de Caux, que je ne suis pas un de ces princes qui promettent une chose la veille, et qui en tiennent une autre le lendemain.

Non, vous aurez tout ce que vous attendez de mon nom et de mon passé, et même un peu au-delà !

C'est ainsi que l'on m'a tourmenté sur la question du drapeau. M'a-t-on assez tourmenté ? Les uns voulaient que je prisse le drapeau tricolore des Napoléons, comme s'il était le mien ; les autres, le drapeau blanc des Bourbons, comme s'il était si facile à faire accepter par les vieux grognards d'Yvetot ! Personne ne voulait de mon bon et fidèle drapeau vert-pomme. Moi, cependant, je n'ai rien dit, j'ai laissé dire ; et, le moment venu, je vous ai donné, de

---

(1) Voir plus loin, à *l'Assemblée nationale*. M. le président Abax, avec sa verve et sa rondeur habituelles, a bien voulu rappeler la touchante origine de la dynastie chenuiste.

mon propre mouvement, *proprio motu,* un drapeau dont vous ne vous plaindrez pas, ou, par ma foi! vous seriez bien difficiles!

Et la Constitution, la Charte, le pacte constitutionnel, m'en a-t-on assez rebattu les oreilles! On vous en a fait mal aux vôtres, je parie! Oh! ce n'est pas qu'on ne m'ait point laissé le choix entre toutes ces belles choses et ceux qui me les offraient. Les négociants en constitutions et autres articles du même genre sont obséquieux, patients et tenaces. Celui-ci voulait, à tout prix, que je m'accommodasse de la Charte de 1814, moins l'article 14, bien entendu; c'est un article cassant et cassé, chacun sait cela. Celui-là, à mi-voix, me conseillait, si je ne tenais pas au neuf, de me contenter de la Charte de 1830, qui est une charte déjà toute raccommodée. Cet autre, enfin, avec je ne sais quelle ironique persistance, tenait à me faire prendre le sénatus-consulte de 1870, qui a si mal et si peu servi son premier acquéreur. La grande préoccupation de tous ces honorables et spirituels marchands semblait être, d'ailleurs, de deviner si j'étais d'humeur et de caractère à m'habiller tout seul ou à me laisser habiller par l'Assemblée nationale. Moi, cependant, je ne disais rien et je laissais dire, admirant comment ces gens avaient pu oublier mes déclarations répétées qu'en fait de gouvernement, de décentralisation politique surtout, j'avais des idées formellement arrêtées et dont on ne me ferait pas revenir, dût-il m'en coûter la couronne; qu'inspirateur jadis et approbateur du programme du fameux Comité de Nancy, j'étais résolu purement et simplement à traduire ce programme en fait ou à ne pas régner.

La raison en est bien simple. Je suis sur ce point, et sur quelques autres encore, tout à fait du même sentiment que le noble et pieux Henri V. On ne peut pas nous demander sérieusement,

à nous autres rois de droit divin, de gouverner d'après les principes dits de 1789 et les errements de l'unité impériale. A chacun sa spécialité: si c'était là ce que vous vouliez, ce n'était pas nous qu'il fallait rappeler, c'étaient les Bonapartes; sans contredit, ils s'entendent mieux que nous à une pareille besogne, et le peuple en a conscience. Le roi Louis-Philippe, pauvre cher prince, l'a appris autrefois, bien cruellement, à ses dépens. Pour être entré dans un rôle qui n'était ni celui de sa naissance, ni celui de son droit, il s'est vu un beau jour contraint de s'atteler au char funèbre et triomphal de Napoléon Ier, qu'il n'avait guère ménagé de son vivant. Ses fils, les princes actuels d'Orléans, ont sagement fait de rebrousser chemin; j'ai dans l'idée que, tôt ou tard, s'ils avaient commis la faute de recommencer la monarchie de Juillet, on les eut attelés, eux aussi, au char ramenant les cendres de Napoléon III. Jolie corvée pour des Bourbons, si cadets qu'ils soient!

Mais laissons cela. Que si, au contraire, braves gens d'Yvetot, vous êtes revenus, comme je me plais à le croire, « des excès d'une centralisation em-
» pruntée aux souvenirs de l'empire
» romain, introduite en France par
» Henri IV et Louis XIV, qui ont pré-
» paré, malgré leur grandeur, la ruine
» de la monarchie, popularisée par
» Rousseau au nom de l'absolutisme
» démocratique, et perfectionnée enfin
» par le Comité de salut public, par le
» premier et le second empire, qui en
» ont fait l'instrument de leur tyran-
» nie(1), » nous pouvons nous entendre et reprendre, la main dans la main, la bonne route, désertée par mes aïeux et par les vôtres, il y a de cela près de trois siècles.

Cette route nous a été clairement indiquée par les guides les moins d'ac-

(1) Projet de décentralisation de Nancy, p. 51.

cord en toutes choses, excepté en celle-là, « par MM. Guizot et Odilon-Barrot, » de Falloux et Jules Simon, Berryer » et Jules Favre, Pelletan et de Monta-» lembert, etc., etc. Que voulez-vous » de plus ? N'est-ce pas d'un heureux » augure ? (1). » Cela ne pèse-t-il pas un peu plus dans vos esprits que les théories centralisatrises d'un Colbert et d'un Turgot, qui, jadis, égarèrent mes aïeux, ou d'un Mirabeau et d'un Bonaparte qui égarèrent les vôtres. Règle générale, les peuples doivent avant tout se défier des hommes de génie. — M. Thiers l'a dit, et quelquefois — bien rarement il est vrai — M. Thiers a du bon.

Quoi qu'il en soit, j'étais déjà dans cette route féconde de la décentralisation nancéenne, à l'heure où votre Assemblée, courant après moi, me cherchait dans les petits sentiers de ses projets constitutionnels. — J'y étais de ma pleine volonté dans cette route rédemptrice ; avec l'aide de Dieu, j'y persévérai de mon plein droit, n'ayant en vue que le bonheur et la gloire de mes peuples, en cette vie et dans l'autre.

Donné en notre royale métairie de Sassetot-le-Mauconduit, le 15 octobre de l'an du Seigneur, 1873.

ELZÉAR.

ELZÉAR, par la grâce de Dieu, roi d'Yvetot et vidame de Saint-Wandrille,

A tous présents et à venir salut ;

Nous avons ordonné et ordonnons ce qui suit :

ART. Ier. — Sont nommés :

Ministre de la Maison du Roi, M. le vicomte de Cipiens ;
Ministre des finances, M. G. Cousin ;
Ministre des affaires étrangères, M. le prince d'Impedimenti ;
Ministre de l'intérieur, M. Lucien Blond ;

(1) Projet de décentralisation de Nancy, p. 136.

Ministre du commerce, M. Protais Descillé ;
Ministre de l'instruction publique, de l'imprimerie et des beaux-arts, M. le marquis d'Hautlieu ;
Ministre de l'agriculture et des travaux publics, M. C. Ormecourt ;
Ministre des cultes, Mgr l'évêque de Bonport ;
Ministre de la justice, M. Aristide Errepeu ;
Ministre de la guerre, M. le général de La Chapelle ;
Ministre de la marine, M. Dusouffle Victor ;
Ministre des colonies, M. Hennisson de l'Escalier.

ART. II. — Le ministre de Notre Maison est chargé de l'exécution de la présente ordonnance.

Fait en notre royale métairie de Sassetot-le-Mauconduit, le 15 octobre de l'an du Seigneur 1873.

ELZÉAR.

Par le Roi :
Le ministre de la Maison du Roi,
Vicomte de CIPIENS.

ORDONNANCE ROYALE

ELZÉAR, par la grâce de Dieu, roi d'Yvetot et vidame de Saint-Wandrille,

A tous présents et à venir, salut ;

Considérant, d'une part, qu'à la face du monde nous avons juré que le drapeau qui avait protégé notre berceau ombragerait notre tombe ; et que nous ne saurions, sans déshonneur, faillir à notre royal serment ;

Considérant, d'autre part, que le drapeau de notre enfance inspire à nos sujets une répugnance invincible, et ne voulant pas les contrarier jusqu'au point de nous fermer la porte ;

Considérant que, s'il existe un moyen de satisfaire au caprice de nos sujets, sans manquer absolument à notre parole, notre devoir est de l'adopter ;

Sur l'avis sage et expédient de notre conseil des ministres et de notre Assemblée nationale ;

Avons ordonné et ordonnons ce qui suit :

ART. Ier. — Les couleurs du drapeau d'Yvetot sont, dans l'ordre du prisme, les couleurs de l'arc-en-ciel. Ce drapeau du bon Dieu a protégé notre berceau ainsi que celui de nos peuples ; à n'en pas douter, il protégera également notre tombe et la leur, à quelque opinion et à quelque religion qu'ils appartiennent. Et ainsi, nous serons tous d'accord.

ART. II. — Les six luzernes, 3, 2, 1, et la couronne d'Yvetot orneront la cravate vert-pomme dudit drapeau.

ART. III. — Nos ministres sont chargés, chacun en ce qui le concerne, de l'exécution de la présente ordonnance.

Fait en notre royale métairie de Sassetot-le-Mauconduit, le 15 octobre de l'an du Seigneur 1873.

ELZÉAR.

Par le Roi :

Vicomte de Cipiens, prince d'Impedimenti, G. Cousin, Lucien Blond, Protais Descillé, marquis d'Hautlieu, C. Ormecourt, † Louis, év. de Bonport, A. Errepeu, général de La Chapelle, V. Dusquffle, Hennisson de l'Escalier.

CHARTE CAUCHOISE

A LA MODE DE NANCY

ELZÉAR, par la grâce de Dieu, roi d'Yvetot et vidame de Saint-Wandrille,

A tous ceux qui ces présentes verront, salut :

Voici les modifications que, petit à petit, et par la pente naturelle des choses, je compte introduire successivement dans l'économie des Chartes royales de mes prédécesseurs ; voici, en un mot, les règles et maximes générales de gouvernement d'après lesquelles j'entends me conduire envers mes peuples et d'après lesquelles j'entends que mes peuples se conduisent envers moi :

CONSTITUTION

DE LA COMMUNE, DU CANTON, DE L'ARRONDISSEMENT ET DU ROYAUME D'YVETOT

ART. Ier. — La Constitution yvetotaise, comme celle de toute société de chrétiens, détermine la forme suivant laquelle les membres de la société sont consultés pour la gestion de leurs biens communs.

ART. II. — Les intérêts communs à tous les membres d'une société chrétienne sont : la sécurité, la justice et l'assistance mutuelle.

ART. III. — La loi détermine les conditions nécessaires pour avoir droit à la qualité d'Yvetotais. Cette qualité implique l'adhésion à la Constitution et aux lois qui en découlent.

ART. IV. — Les Yvetotais sont réunis en groupes dits *communes*, dont la délimitation actuelle reste telle qu'elle a été déterminée par les lois antérieures, jusqu'à ce que de nouvelles lois la modifient dans le sens d'un groupement plus intelligent.

ART. V. — Les *communes* réunies, suivant les mêmes lois antérieures, forment le *canton* ou *bailliage*; les *cantons*, réunis en groupes eu égard aux affinités de race, de territoire, de traditions historiques, d'intérêts moraux et matériels, forment l'*arrondissement* ou *généralité*; les *arrondissements* réunis forment l'Etat ou *Royaume d'Yvetot*.

ART. VI. — Tous les citoyens inscrits au registre matricule de la commune (1) sont électeurs et nomment les membres du conseil communal, conformément à la loi électorale. Les membres élus du conseil communal sont au nombre de cinq au moins. Le curé desservant en fait partie de droit.

ART. VII. — Chaque commune concourt à l'élection des membres du conseil cantonal, soit par le conseil communal, soit par le suffrage universel honnêtement pratiqué, selon qu'il aura été décidé par l'initiative de chaque commune. Quel que soit le mode adopté, chaque commune aura à présenter le candidat qui aura obtenu la majorité dans la commune.

ART. VIII. — Parmi les candidats des communes, les quinze premiers sur la liste comme ayant obtenu le plus de vote des communes, formeront le conseil cantonal (2). Le curé-doyen est membre de droit dudit conseil.

ART. IX. — Chaque canton concourt à l'élection des membres du conseil

(1) Projet de Nancy, M. Odilon-Barrot.
(2) Projet de Nancy, p. 32.

d'arrondissement, soit par le vote de son conseil cantonal, soit par le suffrage universel honnêtement pratiqué, selon qu'il aura été décidé par l'initiative de chaque canton. Quel que soit le mode adopté, les trois premiers candidats qui, dans chaque canton, auront obtenu le plus de voix seront membres du conseil d'arrondissement. L'évêque est membre de droit dudit conseil.

Art. X. — Les conseils communaux, cantonaux et d'arrondissement élisent leur président et leur bureau (1). Ils se réunissent toutes les fois qu'ils le jugent nécessaire (2) et en général sont en permanence (3). Les séances ordinairement publiques peuvent être tenues à huis-clos sur la demande de la majorité. Il en est tenu procès-verbal.

COMPÉTENCE DES CONSEILS COMMUNAUX, CANTONAUX ET D'ARRONDISSEMENT

Art. XI. — La compétence des conseils communaux s'étend à la gestion de l'actif et du passif de la commune (4), en tant que cet actif et ce passif ne font pas partie d'un tout ressortissant au canton ou à l'arrondissement (5). La compétence du conseil communal, comme celui d'aucun conseil, ne s'étend à aucun titre et dans aucun cas, à tout ce qui touche à la propriété privée, à la liberté individuelle, aux libertés publiques garanties par la Charte et les lois, à l'assiette des revenus de l'Etat.

Art. XII. — Le conseil communal nomme les agents de la commune : gardiens de la sécurité publique, gardiens des propriétés rurales et autres, instituteurs communaux, etc., etc. (6), pourvu que les candidats à ces fonctions remplissent les conditions d'aptitude qui seront fixées par une loi spéciale.

Art. XIII. — La compétence des

conseils cantonaux s'étend à la gestion de l'actif et du passif du canton, comprenant les routes cantonales, canaux, ponts, les écoles du second degré, etc., etc. (1), en tant que cet actif et ce passif ne font pas partie d'un tout ressortissant à l'arrondissement ou à l'Etat.

Art. XIV. — Les conseils cantonaux gèrent les intérêts collectifs des communes, décident en cas d'incertitude d'attributions, concilient les conflits entre les communes, sans jamais s'ingérer dans la question communale (2).

Art. XV. — Les conseils cantonaux nomment les agents du canton : inspecteurs de la sécurité publique, de la garde des propriétés, de l'entretien et du perfectionnement de l'actif, du bon ordre et de la régularité du passif, professeurs et régents des écoles du second degré, etc., etc. (3), pourvu que les candidats à ces fonctions remplissent les conditions d'aptitude qui seront fixées par la loi.

Art. XVI. — La compétence des conseils d'arrondissement s'étend, dans chaque arrondissement, à la gestion de l'actif et du passif de l'arrondissement, ainsi qu'il est dit pour les communes et les cantons. Ils pourvoient notamment à l'entretien des institutions d'instruction publique dites Facultés et Académies (4).

Art. XVII. — Les arrondissements, comme les cantons et les communes, peuvent nommer des délégués spéciaux pour se réunir en congrès extraordinaires, dans le but de s'entendre sur une question spéciale n'intéressant qu'une partie des arrondissements du royaume, ou des cantons de l'arrondissement, ou des communes du canton (5).

Art. XVIII. — Chaque congrès extraordinaire doit être convoqué par le conseil du degré supérieur; si c'est un congrès de communes, par le conseil cantonal; si c'est un congrès de cantons, par le conseil d'arrondissement; si c'est

---

(1) MM. Odilon-Barrot, Andral, Bethmont, duc de Broglie, etc., etc.
(2) M. Jules Favre, prince de Broglie, Clamageran, etc.
(3) Berryer, Jules Ferry, Hérold, etc., etc.
(4) Jabey.
(5) Dufaure, Cochin, Held, etc.
(6) Lanfrey, Larcy, Béchard, etc.

(1) Andral, La Boulie, Léonce de Lavergne, etc.
(2) Lanfrey, Larcy, Béchard, etc.
(3) Andral, La Boulie, Léonce de Lavergne, etc.
(4) Elias Regnault, Léopold de Gaillard, etc.
(5) Comte Hallez Claparède, Eugène Pelletan, etc.

un congrès d'arrondissements, par les deux chambres de notre Parlement (1).

DU ROYAUME ET DE SA REPRÉSENTATION

Art. XIX. — Le royaume, formé de la réunion des arrondissements, cantons, communes et individus, est *un* et *indivisible* en tout ce qui concerne la souveraineté politique et législative.

Art. XX. — Le royaume est gouverné par le Roi, source et origine du Pouvoir central (2).

Art. XXI. — L'expérience ayant démontré que le Pouvoir central, lorsqu'il n'était pas divisé, tournait à la révolution ou au césarisme (3), le Roi déclare que, de sa libre volonté, il a jugé à propos de maintenir dans son intégrité la division du Pouvoir central en trois branches :

Le Pouvoir législatif ;

Le Pouvoir exécutif ;

Le Pouvoir judiciaire.

Le Roi reste le chef de ces trois pouvoirs qui ne s'unissent qu'en sa personne.

Art. XXII. — Le Pouvoir législatif crée la loi générale (4) ou règle légale de la vie politique et sociale de la nation (5) ; les budgets de l'Etat, les traités internationaux, l'organisation des administrations, des forces publiques, de la justice, sont l'objet de lois.

Art. XXIII. — Le Pouvoir exécutif ou ministériel a pour fonction de veiller à la réalisation des ordonnances émanées de l'initiative royale, d'assurer l'exécution des lois rendues par le Pouvoir législatif, de rendre compte de l'exécution desdites ordonnances et lois, et d'aviser par des rapports ou des propositions de lois nouvelles, le Roi et les Chambres des difficultés ou des imperfections que l'application aurait pu faire reconnaître dans la législation en vigueur (6).

Art. XXIV. — Le Pouvoir exécutif a pour fonction d'appliquer toutes les fois qu'il en est requis soit par le Pouvoir exécutif, soit par les citoyens, la législation dans tous les cas qui ont été prévus. Il doit, à ses différents degrés, prononcer sur les conflits entre les individus, les communes, les cantons et les arrondissement (1). Dans le cas où la question n'est pas prévue par la loi, le Pouvoir judiciaire *s'abstient de prononcer*, mais il doit aviser le Pouvoir exécutif et le Pouvoir législatif (2).

DU POUVOIR LÉGISLATIF

Art. XXV. — Le Pouvoir législatif, pour être complet, doit représenter les éléments essentiels de la nation, savoir : 1° la tradition historique, morale, religieuse, intellectuelle (3) ; 2° l'actif social, le territoire, les œuvres et l'outillage qui le couvrent (4).

Art. XXVI. — En raison de l'article précédent, le Pouvoir législatif est représenté par deux Chambres, la Chambre haute et la Chambre basse.

Art. XXVII. — Les membres de la Chambre haute sont nommés par le Roi, qui peut varier leurs dignités, les nommer à vie ou les rendre héréditaires, selon sa volonté. Leurs attributions sont celles de la Chambre des lords en Angleterre (5). L'archevêque et les évêques *in partibus* sont membres de droit de la Chambre haute, ainsi que les princes de notre famille royale ; mais les princes n'y peuvent siéger qu'avec notre licence expresse.

Art. XXVIII. — Les membres de la Chambre basse sont nommés par le suffrage universel honnêtement pratiqué, proportionnellement à la population dans chaque arrondissement. Ses attributions sont celles de la Chambre des communes en Angleterre (6).

Art. XXIX. — La compétence des deux Chambres s'étend, conjointement,

---

(1) Carnot, Falloux, etc., etc.
(2) Comte de Montalembert, Vacherot, etc.
(3) Comte Daru, Magnin, etc.
(4) Dufaure, Keller, etc.
(5) Comte de Ludre, Bersot.
(6) Vicomte de Melun, Scherer, etc.

(1) Comte d'Haussonville, Garnier Pagès.
(2) Dufaure, Freslon.
(3) Vicomte de Lanjuinais, Jules Ferry.
(4) Jules de Lasteyrie, Mortimer-Ternaux.
(5) Comte de Montalembert, Duvergier de Hauranne, etc.
(6) Comte de Montalembert, Duvergier de Hauranne, etc.

dans tout le royaume, à la gestion de
l'actif et du passif de tout l'Etat, ainsi
qu'il est dit pour les communes, les
cantons et les arrondissements. Elles
ont, par consentement et délégation
expresse du souverain, les attributions
les plus étendues pour la confection des
lois, réglant l'organisme de la société
yvetotaise, ou touchant aux intérêts
généraux des communes, des cantons et
des arrondissements réunis (1).

DU POUVOIR EXÉCUTIF

Art. XXX. — Le pouvoir exécutif
réside dans le conseil des ministres que
le Roi nomme ou révoque, à son gré,
selon les circonstances et les besoins de
son peuple. Ils sont responsables devant
les Chambres.

Art. XXXI. — Les ministres, à leur
tour, désignent à la nomination du Roi :
Un censeur général auprès de chaque
conseil d'arrondissement; un censeur
syndical auprès de chaque conseil cantonal, et un censeur municipal auprès
de chaque conseil communal (2). Cette
dernière fonction peut être cumulée
avec celle d'instituteur laïc (3) ou religieux.

Art. XXXII. — Les censeurs sont
les intermédiaires du Pouvoir central
auprès des conseils de chaque degré.
Ils assistent à toutes les délibérations
quelconques de ces conseils, et ont droit
de remontrance lorsque le conseil dé-
passe ses attributions ou n'accomplit
pas la part de devoirs qui lui incombent
envers l'Etat. Ils requièrent les mesures
nécessaires pour l'application des lois et
ordonnances, et en surveillent l'exécution (4).

Art. XXXIII. — Aucune délibéra-
tion ne peut être rendue publique, aucune décision communale, cantonale ou
arrondissementale ne peut avoir d'effet
ni être publiée tant que l'opposition du
censeur n'est pas levée par la juridiction supérieure.

Art. XXXIV. — Suivant que l'opposition du censeur est motivée par une
infraction aux devoirs, soit envers le
conseil de l'ordre supérieur, soit envers
l'Etat, le conflit est porté devant le conseil de l'ordre supérieur ou devant le
pouvoir législatif (1).

Art. XXXV. — Nul ne pourra être
censeur syndical s'il n'a rempli les conditions exposées par une loi spéciale à
intervenir, et, en outre, s'il n'a été censeur municipal pendant trois ans au
moins.

Nul ne peut être censeur général s'il
n'a été pendant trois ans censeur syndical (2).

Art. XXXVI. — Le Pouvoir exécutif
est assisté d'un Conseil d'Etat constitué
par une loi organique.

Art. XXXVII. — Le Pouvoir exécutif propose au Pouvoir législatif les projets de lois élaborés par le Conseil
d'Etat. Les projets de lois des finances
sont présentés d'abord à la Chambre
basse.

Art. XXXVIII. — L'initiative des
projets de lois appartient aussi bien à la
majorité du Pouvoir législatif qu'au
Pouvoir législatif.

Art. XXXIX. — Le Pouvoir exécutif
rend compte au Pouvoir législatif, qui
décide en dernier ressort, des différences d'appréciation ou conflits dont il a
été informé par les censeurs des divers
conseils.

Art. XL. — Le Pouvoir exécutif et
ses représentants à tous les degrés veil-
leront au bon entretien et à la conser-
vation du matériel social, soit qu'il ressortisse à l'Etat, soit qu'il ressortisse
aux divers groupes qui le compo-
sent (3).

Art. XLI. — Le Pouvoir exécutif pour-
voit d'urgence aux mesures nécessaires
pour repousser toute agression, soit in-
térieure, soit extérieure; mais il doit
aviser immédiatement les Chambres.

DU POUVOIR EXÉCUTIF

Art. XLII. — Le Pouvoir judiciaire

---

(1) Vicomte de Melun, Jules Favre, etc.
(2) Vacherot, de Larcy, etc.
(3) Carnot, vicomte de Falloux, etc.
(4) Moulin, Deshayes, Collot, etc.

(1) Engelhard, Held, etc.
(2) De Witt, Moulin.
(3) Béchard, Labiche, etc.

est l'organe permanent de la loi créée par le Pouvoir législatif et promulguée par le Pouvoir exécutif.

Art. XLIII. — Toute justice, comme toute loi, comme toute administration, émane du Roi (1). Elle est rendue en son nom par des juges civils qui se recrutent d'eux-mêmes dans les corps judiciaires de chaque ressort, ainsi qu'il sera établi dans une loi organique (2); ou par des juges criminels ou jurés choisis parmi les pairs de la partie accusée.

Art. XLIV. — Le Pouvoir judiciaire est exercé dans la commune par le juge de paix; dans le canton, par les tribunaux; dans l'arrondissement, par les cours, et dans l'Etat par la Chambre haute (3).

Art. XLV. — Le Pouvoir exécutif nomme un procureur suprême pour la Chambre haute, un procureur général près des cours, un procureur du Roi près les tribunaux. Les procureurs défèrent d'office à la juridiction compétente les infractions à la loi quelqu'en soient les auteurs et ont droit de remontrance et d'appel à la cour supérieure.

Art. XLVI. — Nul n'est censé ignorer la loi. C'est pourquoi la loi pénale doit être réduite à sa plus simple expression. Toute loi nouvelle abolira désormais toutes celles promulguées précédemment sur le même sujet, contraires ou non à la loi nouvelle (4). Les lois anciennes resteront comme documents à consulter par les juristes et pourront être invoquées dans les considérants d'un jugement.

Nous avons ordonné et ordonnons que la présente Charte décentralisatrice, soit envoyée incontinent et affichée dans toutes les communes de notre royaume (5).

(1) Eug. Pelletan, Berryer.
(2) Odilon Barot, Audral, etc.
(3) Desmarest, comte Daru.
(4) Bethmont, Béchard, etc.
(5) La précipitation de la mise en pages a jeté dans les renvois de la *Charte à la mode de Nancy* le désordre le plus malicieux, attribuant à MM. Berryer et Magnin ce qui appartient à MM. Odilon Barot et Andral, par exemple, et réciproquement. Le temps nous manque pour sortir de cet imbroglio; et d'ailleurs à quoi bon? Qu'il suffise au lecteur dé savoir qu'il n'y a pas une disposition, pas un article, pas un mot de cette cu-

Donné en notre royale métairie de Sassetot-le-Mauconduit, le 15 octobre de l'an du Seigneur 1873.

ELZÉAR.

Vu et scellé du grand sceau:
Le garde des sceaux, ministre de la justice,
Aristide Errepeu.

RAPPORT AU ROI

—

Sire,

En reprenant possession du trône de vos pères, vous avez supprimé de l'ancienne formule impériale ces quatre mots révolutionnaires : « *par la volonté nationale,* » et vous les avez remplacés par ces quatre autres: «*vidame de Saint-Wandrille.* »

Cette suppression et ce remplacement demandent une double explication. Le gouvernement de Votre Majesté n'est plus et ne saurait plus être un gouvernement d'attente et de compromis, c'est un gouvernement de résistance et de combat. Hier, il disait ce qu'il osait et ce qu'il pouvait; aujourd'hui, il écrit ce qu'il doit et ce qu'il veut.

Qui dit volonté, dit souveraineté na-

rieuse Constitution qui n'aient été scrupuleusement empruntés aux discours, aux œuvres, aux lettres et circulaires des divers membres et adhérents du Comité de Nancy. C'est la résultante rigoureuse de leurs travaux maintes fois approuvés par M. le comte de Chambord. C'est, de quelques réserves de langage, de quelque hypocrisie de mots qu'on le couvre, l'effondrement, en haine de l'Empire, de l'antique unité française, telle que l'admiraient déjà les ambassadeurs vénitiens du temps de François Ier; et cela, en présence de l'unité italienne qui nous observe et de l'unité allemande qui nous talonne.

Pour rester dans le vrai, il est juste d'ajouter que, parmi ces messieurs de l'école de Nancy, il y a divergence d'opinion sur quelques détails. Il n'y a unanimité que sur ces deux points : 1º autonomie absolue de la commune, du canton et de la province, dans un temps plus ou moins prochain; 2º nomination des maires et même des gardes champêtres par le suffrage universel. « Il est au » moins contradictoire, s'écriait l'un d'eux, que le » suffrage universel ne puisse nommer un garde » champêtres, quand il nomme un Empereur.» Aujourd'hui, ce même Nancéen estime que le suffrage universel qui a été bon pour le nommer député, ne vaut rien pour élire un roi; et pourtant un roi, d'après la doctrine des parlementaires constitutionnels et le mot de Benjamin Constant, n'est autre chose que le plus grand et le plus auguste des gardes champêtres. (N. D L. R.)

tionale. Or, nous n'hésitons pas à le déclarer, le principe de la souveraineté nationale est, à nos yeux, un principe faux, doublement faux. « Il est faux, en fait, car à quelque moment que l'on prenne une nation quelconque, on y trouve une autorité qui gouverne et qui commande, en dehors de la forme représentative, soit parlementaire, soit plébiscitaire. Aucune nation n'a commencé par là ; on n'en trouvera point où cette forme ait été la première, ait préexisté à toute autre ; de plus, il est faux, en droit, d'après la raison naturelle et la loi de l'Eglise. Les lois naturelles et divines sont antérieures à l'existence même d'une nation ; elles lui sont supérieures, et la nation ne peut être souveraine que dans la dépendance de Celui qui l'a créée, avec l'obligation de respecter les lois dans lesquelles il a circonscrit les conditions du bien-être temporel et du bonheur spirituel de l'homme » (1).

On prétendra, nous le savons, qu'une pareille déclaration équivaut à revenir purement et simplement à l'ancien régime. C'est là un abus de mots. Cet ancien régime dont on parle tant, à tort et à travers, « à proprement n'est pas ancien, car il est éternel, quoi que l'on ait fait, et quoi que l'on fasse (2). »

Du reste, le débat est épuisé sur ce point et l'Eglise a prononcé. L'Eglise n'admet pas et n'admettra jamais le principe de la souveraineté nationale. C'est avec ce principe, en définitive « qu'on a » sapé ce qu'on appelé les gouverne- » ments théocratiques, et, aujourd'hui » même, en ce moment même, on donne » le nom de théocratique non seule- » ment à ce qui reste, en droit, du gou- » vernement temporel du Saint-Père aux » yeux duquel la loi divine doit tou- » jours dominer et régler la loi civile, » mais encore à tous les gouverne- » ments purement temporels qui, dans » leur législation, tiennent plus ou » moins de compte des lois chrétiennes » et du Décalogue chrétien : ce qui, en » fait, n'a plus guère lieu que dans les

» anciennes monarchies catholiques, et » donne la clé des attaques dont elle » sont l'objet. Si, en effet, il y a quel- » que chose qui soit au-dessus de la » volonté nationale et de la loi qu'on » donne pour l'expression de cette vo- » lonté, il s'ensuit qu'elle n'est plus » souveraine, c'est Dieu, et avec Dieu » Ceux qui ont charge et mission de » parler en son nom et de faire valoir » ses droits (1). »

Votre Majesté est de ceux-là, et c'est à ce titre qu'elle n'a pas hésité à renouer publiquement les liens séculaires qui attachaient ses aïeux à l'Eglise de Dieu.

Liens de vasselage moral et de protection politique hautement avoués et réciproquement invoqués, de part et d'autre. Si Henri V, par droit de naissance et de voisinage géographique, est le fils aîné de l'Eglise et le chanoine protecteur de Saint-Jean-de-Latran, Elzéar XIX, exactement par le même droit, est le fils cadet de ladite Eglise et le vidame de Saint-Wandrille.

Et qu'on ne croit pas embarrasser notre gouvernement en lui demandant quelles obligations Votre Majesté entend décliner de ce vidamat, il répondrait : — « Aucunes ! » — Quelles Votre Majesté entend retenir, il répondrait : — « Toutes. »

« Si, à l'heure qu'il est, du sein de » cette Europe où tant de monarchies » ont été abaissées, les unes par des » défaites cruelles, les autres par des ex- » ploits plus humiliants que les revers ; » si, disons-nous, un héraut d'armes, » planant au-dessus de tous ces trônes » vacillants, venait à crier : LE ROI ! » c'est vers le trône pontifical, quoique » réfugié au fond d'une cellule du Vati- » can, que tous les regards devraient » se porter à l'instant (2). »

Oui, Sire ! à votre exemple et à l'exemple de tous les fidèles ultramontains, nous accordons humblement à Pie IX, à l'héroïque et saint Pontife, non seulement la suprématie spirituelle de-

<hr>

(1) Lettre pastorale de Mgr de Montauban.
(2) Mgr l'évêque de Poitiers.

(1) Mgr l'évêque de Montauban.
(2) Mgr l'évêque de Poitiers. — Mgr le comte de Chambord.

vant laquelle le monde catholique tout entier, à commencer par M. Thiers et M. Jules Favre, s'incline avec respect et soumission, mais encore la suprématie temporelle sur tous les trônes de la terre. Le Pape est en même temps le Pontife des pontifes et le Roi des rois. Non seulement tout ce qui est catholique, mais tout ce qui porte le nom de chrétien lui appartient, à commencer par le Roi de Prusse.

A ce suzerain unique des âmes, il faut à la fois, selon le grand mot ecclésiastique, des évêques intérieurs et des évêques extérieurs. Quels seront ces derniers? Il y a beau temps déjà que, du côté de la papauté, le choix a été fait. A l'apogée de la gloire napoléonienne, devant le vainqueur de Solferino, Pie IX faisait connaître qu'à son sens il n'y avait de possible et de légitime que les princes de droit divin, qu'ils étaient les vassaux naturels de l'Eglise, et que « l'Eglise abdiquerait le jour où elle » séparerait leur cause de la leur (1). »

Les vassaux naturels de l'Eglise, ainsi soutenus et avoués par elle, à l'heure de leur défaite et de leur dispersion, seraient bien ingrats si, quand la fortune leur sourit et quand la lassitude des peuples les accepte de nouveau, ils n'avouaient pas à leur tour et ne soutenaient pas l'Eglise.

Jusqu'où devra aller cet aveu? Jusqu'où devra aller ce soutien? C'est une autre affaire et qui relève avant tout des circonstances et de la prudence humaine. L'Eglise ne condamne pas la prudence humaine bien entendue.

Ainsi, il va de soi qu'elle ne songe pas à demander à Henri V, à peine restauré, de franchir les Alpes et d'aller, la lance en main, chasser l'intrus du Quirinal. De même, elle est trop avisée pour exiger de Votre Majesté qu'elle aille, coûte que coûte, et sans indemnité préalable, mettre hors des murs profanés de Saint-Wandrille le marquis anglais qui en est aujourd'hui possesseur.

> Patience et longueur de temps
> Font plus que force ni que rage.

(1) Évêque de Poitiers.

Nous avons l'honneur, Sire, d'être avec le plus profond respect,
De Votre Majesté,
Les très humbles, très obéissants et très fidèles sujets,

Vicomte de Cipiens, prince d'Impedimenti, G. Cousin, Lucien Blond, Protais Descillé, marquis d'Hautlieu, C. Ormecourt, † Louis, évêque de Bonport, A. Errepeu, général de La Chapelle, V. Dusouffle, Hennisson de l'Escalier.

RAPPORT AU ROI

Sire,

Dans une récente proclamation à son peuple, Votre Majesté daignait déclarer qu'elle entendait maintenir le suffrage universel « *honnêtement pratiqué.* »

Toute la portée de la déclaration royale se résume évidemment en ces deux derniers mots.

Jusqu'à présent, il faut bien le reconnaître, le suffrage universel n'a été qu'une pure comédie politique qui, « pour fonctionner, employait des » moyens également faux et contraires à » la nature des choses. Une société n'est » pas, quoi qu'ait pu prétendre la doc» trine impériale, elle ne peut pas être » une agrégation d'individus égaux en» tre eux.

» Une société se compose d'intérêts, » de besoins réciproques, de relations » et non d'individus. Ce sont donc les » intérêts qui doivent être représentés » dans un gouvernement légitime, et » non les individus considérés comme » tels. Il est contre la raison, et évidem» ment contre le bien commun, d'accor» der dans une élection le même poids » à la voix du pauvre et du riche, du » savant et de l'ignorant, du père et de » l'enfant, de l'aîné et du cadet, du maî» tre et de son serviteur. Mais on com» prend qu'une Assemblée formée, par » exemple, de députés choisis par les » communes, par la magistrature, par » le clergé, par les divers corps qui exis» tent dans toutes les sociétés, pouvait » être considérée comme une représen-

» tation de cette société, de ses besoins,
» de ses intérêts, de ses pensées, de ses
» vœux. Tandis que, au contraire, toutes
» les Assemblées qui ont existé en vertu
» du suffrage universel impérial, ne re-
» présentaient absolument rien (1). »

C'est là la manière de voir, d'appré-
cier et de juger en dernier ressort non-
seulement du glorieux évêque de Montauban, mais aussi de bon nombre
d'autres évêques ultramontains, et,
pour tout dire, du Saint-Siége, ainsi
qu'il appert des commentaires les plus
récents du *Syllabus*. Aussi, quel que soit
le désir de Votre Majesté de ne pas
rompre en visière avec ce que l'on appelle complaisamment l'esprit des sociétés modernes, ce désir ne saurait
aller jusqu'à faire taire les scrupules de
Sa conscience, et encore moins jusqu'à
La placer, *ipso facto,* sous le coup d'une
excommunication majeure.

Si telles sont, comme j'aime à le
croire, les craintes personnelles et les
idées du Roi, je le prierai de vouloir
bien revêtir de sa signature l'ordonnance suivante.

J'ai l'honneur d'être, Sire, avec le
plus profond respect,

De Votre Majesté,

Le très humble, très obéissant et très
fidèle sujet,

*Le garde des sceaux, ministre de la
justice, président du Conseil d'Etat,*

A. ERREPEU.

ORDONNANCE ROYALE

—

ELZÉAR, par la grâce de Dieu, roi d'Yvetot et vidame de Saint-Wandrille,

A tous présents et à venir salut;

Nous avons ordonné et ordonnons ce
qui suit :

ART. Iᵉʳ. — Un projet de loi, délibéré en
Conseil d'Etat et réglant la pratique honnête du suffrage universel, sera présenté
à l'Assemblée nationale, d'urgence.

ART. II. — Cette loi établira et arrêtera,
une fois pour toutes, le poids inégal dans
les élections du pauvre et du riche, du savant et de l'ignorant, du père et de l'enfant, de l'aîné et du cadet, du maître et de
son serviteur. Elle fixera le nombre des
députés des communes, de la magistrature,
du clergé, de l'armée, des académies, des
divers corps, en un mot, qui existent présentement dans l'Etat.

ART. III. — Notre garde des sceaux, ministre de la justice, président du Conseil
d'Etat, est chargé de l'exécution de la présente ordonnance.

Fait en notre royale métairie de Sassetot-
le-Mauconduit, le 15 octobre de l'an du
Seigneur 1873.

ELZÉAR.

Par le Roi :

*Le garde des sceaux, ministre
de la justice, président du
Conseil d'Etat,*
ERREPEU.

RAPPORT AU ROI

—

« Sire,

» L'Eglise est la dépositaire exclusive
» des lois éternelles qui règlent dans
» l'humanité *les droits de la famille,* de
» la *propriété* et des *nationalités* chré-
» tiennes. Et quand ces lois, dont elle
» est la gardienne, et qui sont les ba-
» ses de l'ordre humain, sont violées
» par des attentats inouïs, c'est le der-
» nier outrage que d'espérer d'elle un
» silence de complicité (1). »

Ce silence, elle ne l'a pas gardé sous
l'Empire. — Elle a combattu ouverte-
ment contre cette civilisation civile et
césarienne « qui voulait être souveraine
» et indépendante du Saint-Siége,
» également à l'abri de toute critique
» comme de tout remords (2). »

Ce désir de souveraineté et d'indépendance était, du reste, parfaitement logique de sa part, nous ne faisons, avec
l'éminent évêque qui, dans ces dernières années a été le docteur de l'école,
nulle difficulté de le reconnaître. « Le
» dogme d'une institution divine ex-
» térieure, visible et politique, char-
» gée de proclamer la volonté de Dieu
» et ses lois, eut subordonné forcément
» l'autorité des législateurs bonapartis-

---

(1) Lettre pastorale de Mgr l'évêque de Montauban, 1861.

(1) Mgr l'archevêque d'Avignon.
(2) Mgr l'évêque de Montauban.

» tes à l'autorité de cette institution, à
» qui Dieu avait donné le droit et im-
» posé le devoir de leur dire en bien
» des cas : *Non licet !* Or, avec la nou-
» velle morale des Napoléons était in-
» compatible l'existence d'une institu-
» tion, grande, forte, politique, recon-
» nue et respectée, qui se donnait pour
» mission de déclarer au nom de Dieu,
» que ceci ou cela n'est pas permis,
» que Dieu le défend et qu'il punira
» *eos qui talia agunt* (1). »

Je n'ai pas besoin d'ajouter, Sire, que
cette morale napoléonnienne, si coupa-
ble, si impie, si rebelle, était « tout en-
» tière fondée et basée sur les trop fa-
» meuses déclarations de 1789 (2). »

Parmi ces déclarations, une particulièrement a eu des effets désastreux :
c'est celle qui abolit le droit d'aînesse.
Ce droit, Sire, a été un droit biblique
avant de devenir un droit chrétien, et je
comprends que, au point de vue de la
tradition religieuse, il soit demeuré particulièrement cher à nos évêques.

Mais le point de vue de la tradition
morale et religieuse a des hauteurs auxquelles mon indignité défend que je
m'élève ; je voudrais humblement me
borner, si Votre Majesté le permet, au
point de vue plus étroit et plus mesquin
de la tradition politique et humaine.

La Révolution de la fin du dernier
siècle, Sire, qu'on le veuille ou non, n'a
réussi qu'à placer la France en général,
et le royaume d'Yvetot en particulier,
dans une situation précaire qui, par
malheur, semble n'être encore comprise
que du clergé et de quelques esprits
élevés, au sein de la noblesse et de la
haute bourgeoisie. Mais le clergé, par
la plus injuste des impopularités, se
trouve frappé d'impuissance. Puis, les
grands et rares esprits, nobles ou bourgeois, dont je parlais tout à l'heure, et
qui sont dans le secret du danger, ont
eu jusqu'à présent la malechance de n'a-
voir aucune autorité sur les hommes à
employer pour arriver à un résultat heureux.

« Ces hommes, adoptés ou créés par

l'élection populaire, retenus d'ailleurs,
je ne dirai pas par des affections, mais
par des affectuosités de famille, se sont
toujours refusés à un acte de sauvetage
national. Quelque remarquables qu'ils
fussent, ils ont continué l'œuvre de la
destruction sociale, au lieu d'aider à re-
construire l'édifice. Si bien qu'à cette
heure, il n'y a plus que deux partis, celui de Marius et celui de Sylla.

» Inutile de déclarer que votre gouvernement, Sire, est pour Sylla contre
Marius.

» Et que l'opinion publique nous com-
prenne bien ! Il ne s'agit ici ni de la
dîme, ni des droits féodaux, ni de l'in-
quisition, ni de gentilhommerie, comme
on le dit aux niais, il s'agit du royaume
d'Yvetot, de l'existence même d'Yvetot,
il s'agit de la vie de toute société bien
organisée et qui veut durer. Voilà notre
affaire en gros.

» En détail, Sire, que puis-je ajouter,
sinon que, depuis quatre-vingts ans,
sous la République comme sous l'Empire, la Révolution a continué parmi
nous ; qu'elle s'est implantée dans le
Code, dit Code Napoléon ; qu'elle est
toujours dans les esprits ; et qu'elle n'a
jamais été aussi formidable, aux journées de Juin et sous la Commune, que
pendant les quelques périodes de prospérité et de paix des divers gouverne-
ments disparus.

» Car, il faut bien s'en pénétrer, les effets les plus destructifs de la Révolution
ne sont ni ses incendies ni ses écha-
fauds. La grande guillotine, c'est ceci :
en coupant la tête à Louis XVI, la Révolution a coupé la tête à tous les pères
de famille. Il n'y a plus de familles aujourd'hui, il n'y a plus que des individus. En proclamant l'égalité des droits
à la succession paternelle, on a tué l'esprit de famille, on a créé le fisc impérial. On a préparé la faiblesse des supériorités et la force aveugle de la masse,
l'extinction des arts, le règne de l'intérêt personnel, et frayé les chemins à
l'invasion ou à la conquête. Nous sommes entre deux systèmes : ou constituer
le gouvernement par la famille ou le
constituer par l'intérêt personnel, par
l'aristocratie, ou la démocratie par l'o-

(1) Mgr l'évêque de Montauban.
(2) Mgr l'évêque de Montauban.

béissance ou la discussion, par l'indifférence religieuse ou le catholicisme, voilà la question sous son jour véritable.

» Votre gouvernement, Sire, est de ceux qui veulent résister à ce qu'on nomme le peuple, dans son intérêt bien compris.

» Tout pays qui ne prend pas sa base dans le pouvoir paternel est sans existence assurée. Chaque animal a son instinct, celui de l'homme est l'esprit de famille. Un pays est fort quand il se compose de familles riches, dont tous les membres sont intéressés à la défense du droit commun; trésor d'argent, de gloire, de priviléges, de jouissances. Il est faible quand il se compose d'individus non solidaires auxquels il importe peu d'obéir à un roi, à un empereur ou à un président, à un Bourbon, à un Bonaparte ou à Mac-Mahon, à un Frank, à un Corse ou à un Irlandais, pourvu que chaque individu garde son champ. Et ce malheureux ne voit pas qu'un jour le Prussien ou l'internationaliste le lui ôtera. Autant que possible, séparons-nous de la France en cela. La France va à un état de choses horrible si elle ne rebrousse pas chemin. Elle n'aura bientôt plus que des lois fiscales, la bourse ou la vie. Le pays le plus généreux de la terre n'est déjà plus conduit par les sentiments. On y a développé, soigné des plaies incurables. D'abord une jalousie universelle : les classes supérieures ont été confondues, on a pris l'égalité des désirs pour l'égalité des forces ; les vraies supériorités reconnues, constatées ont été envahies premièrement par les flots de la bourgeoisie. Cette masse triomphante ne s'est pas aperçue qu'elle avait contre elle une autre masse terrible, celle des petits boutiquiers et celle des paysans propriétaires; deux millions de boutiques, vingt millions d'arpents de terre, vivant, marchant, raisonnant, n'entendant à rien, voulant toujours plus, barricadant tout, disposant de la force brutale...

» Et puis, cela n'a pas été tout. Derrière ces deux masses, en a surgi une troisième plus vaste et plus redoutable à elle seule que les deux autres, celle des ouvriers dans les villes et celle des journaliers dans les campagnes. Et l'on sait ce qui est résulté de ces chocs successifs : l'émiettement de la royauté succédant à l'émiettement de la famille. »

Pas de demi-mesure, pas de fausse besogne. S'il a plu à la grande âme de Votre Majesté d'entreprendre de refaire la royauté, qu'elle commence par refaire la famille.

Dans cette noble tâche, Sire, mon dévouement et ma loyauté m'ordonnent d'ailleurs, et dès à présent, de déclarer à Votre Majesté qu'Elle sera seule, ou à peu près seule.

Pour le rétablissement du droit d'aînesse, Elle ne doit trop compter ni sur l'Assemblée nationale actuelle, ni sur aucune des Chambres qui lui succéderont, si bien triées sur le volet que nous puissions les espérer. Le roi Louis XVIII, de problématique mémoire, en a fait l'expérience. On a vu, sous lui, des pairs de France, et de la plus haute noblesse encore, renoncer à l'hérédité de la pairie plutôt que de constituer le majorat réclamé pour cette hérédité.

C'est que, Sire, — l'aveu assurément est douloureux à faire — tout le monde ici, excepté le Roi et peut-être ses ministres, tout le monde est plus ou moins infecté des maximes de 1789. On s'en défend, mais cela est. Tout haut, on parle en fils des Croisés, et tout bas, fut-on Noailles ou Montmorency on agit en fils du Code Napoléon.

Et cependant il faut réagir. Je le répète et je l'affirme, le salut de la royauté de droit divin est à ce prix.

Le principe du droit d'aînesse une fois admis, il ne serait que juste, comme transition, et peut-être comme tempérament durable, de songer à une loi de minorats masculins et de minorats féminins, en faveur des membres puinés de la famille.

J'ai l'honneur d'être, Sire, avec le plus profond respect,

De Votre Majesté,

Le très humble, très obéissant et très fidèle sujet,

Le garde des sceaux, ministre de la justice, président du Conseil d'État,

ERREPEU.

ORDONNANCE ROYALE

ELZÉAR, par la grâce de Dieu, roi d'Yvetot et vidame de Saint-Wandrille,

A tous présent et à venir, salut;

Vu les termes de la résolution de l'Assemblée nationale d'Yvetot, qui nous rappelle au trône de nos ancêtres;

Considérant qui si l'ordre de succession au trône, par ordre de primogéniture et de mâle et mâle, dans la famille royale, est à juste titre regardé comme la première loi de l'Etat et la mère de toutes les autres, ce même ordre doit, par conséquence directe et rigoureuse, être suivi dans les autres familles;

Que ce que l'Assemblée a proclamé être le salut et la condition d'être de la première famille de la nation, doit être, logiquement, le salut et la condition d'être de toutes les autres;

Appliquant à nos sujets le principe appliqué par l'Assemblée nationale à notre personne,

Et en vertu de notre initiative royale qui nous a été expressément réservée,

Nous avons ordonné et ordonnons ce qui suit :

ART. Ier. — Le droit d'aînesse est rétabli.

ART. II. — Tous les articles du Code dit Napoléon, contraires à la disposition ci-dessus, sont et demeurent abrogés.

ART. III. — En même temps que la loi réglant les apanages des membres de notre famille royale, sera présentée une loi concernant les minorats masculins et féminins des familles de nos sujets.

ART. IV. — Notre garde des sceaux, ministre de la justice et président du Conseil d'Etat, est chargé de l'exécution de la présente ordonnance.

Fait en notre royale métairie de Sassetot-le-Mauconduit, le 15 octobre 1873.

ELZÉAR.

Par le Roi :
Le garde des sceaux, ministre de la justice, président du Conseil d'Etat,
A. ERREPEU.

———

ELZÉAR, par la grâce de Dieu, roi d'Yvetot et vidame de Saint-Wandrille,

A tous, présents et à venir, salut.

Nous avons ordonné et ordonnons ce qui suit :

ART. Ier. — Les monnaies d'or et d'argent seront désormais frappées à notre effigie avec la légende : « *Elzéar XIX, par la grâce de Dieu* » sur la face; à nos armes avec la fin de la légende : « *Roi d'Yvetot et vidame de Saint-Wandrille* » sur le revers. L'exergue, sur le tranchant de la pièce, portera ces mots : *Domine salvum fac regem.*

ART. II. — La monnaie de cuivre sera frappée à notre initiale seulement, sur la face; à notre chiffre sur le revers. L'exergue portera ces mots : « *Dieu protége le pays de Caux.* »

ART. III. — Notre ministre des finances est chargé de l'exécution de la présente ordonnance.

Fait en notre royale métairie de Sassetot-le-Mauconduit, le 15 octobre de l'an du Seigneur 1873.

ELZÉAR.

Par le Roi :
Le ministre des finances,
G. COUSIN.

———

ELZÉAR, par la grâce de Dieu, roi d'Yvetot et vidame de Saint-Wandrille,

A tous présents et à venir, salut.

Voulant autant qu'il est en nous suivre l'exemple du comte d'Artois qui, à son heureux retour dans le royaume de ses pères, promit l'abolition des Droits réunis,

Nous avons ordonné et ordonnons ce qui suit :

ART. Ier. — La dette publique sera liquidée dans un délai de vingt-cinq ans, et il ne pourra plus être contracté de dettes consolidées, ni à terme dépassant celui du mandat législatif conféré à la Chambre basse (1).

ART. II. — Notre ministre d'Etat et des finances s'arrangera de façon à rendre possible l'exécution de la présente ordonnance.

Fait en notre royale métairie de Sassetot-le-Mauconduit, le 15 octobre de l'an du Seigneur 1873.

ELZÉAR.

Par le Roi :
Le ministre des finances,
G. COUSIN.

———

ELZÉAR, par la grâce de Dieu, roi d'Yvetot et vidame de Saint-Wandrille,

A tous présents et à venir, salut.

Voulant, toujours à l'exemple du comte

(1) M. Berryer, 7 février 1864.

d'Artois, fournir aux populations prétexte à des réjouissances joyeuses.

Considérant que, dans ces derniers temps, nos peuples ont eu beaucoup à souffrir des brusques modifications des traités de commerce ;

Voulant couper court à ces incertitudes et à ces contradictions,

Avons ordonné et ordonnons ce qui suit :

ART. Ier. — Tout traité de commerce est interdit désormais, et les traités internationaux seront réduits aux clauses les plus simples, laissant à chaque partie l'entière indépendance d'action sur son territoire (1).

ART. II. — Notre ministre du commerce est chargé de tout préparer en vue de l'exécution future de la présente ordonnance.

Fait en notre royale métairie de Sassetot-le-Mauconduit, le 15 octobre de l'an du Seigneur 1873.

ELZÉAR.

Par le Roi :
Le ministre du commerce,
PROTAIS DESCILLÉ.

———

ELZÉAR, par la grâce de Dieu, roi d'Yvetot et vidame de Saint-Wandrille,

A tous présents et à venir, salut.

Considérant que le noble métier des armes peut seul convenir aux princes de notre famille ;

Considérant qu'il importe à la dignité de notre couronne de leur donner, dans nos armées de terre et de mer, un rang conforme à celui qu'ils occupent sur les marches du trône ;

Nous avons ordonné et ordonnons ce qui suit :

ART. Ier. — S. A. R. le prince Gaspard de Chenu-Meradec est nommé lieutenant-général ;

S. A. R. le prince Joseph de Chenu-Bontemps est nommé maréchal de camp ;

S. A. R. le prince André de Chenu-Meradec est nommé contre-amiral ;

S. A. R. le prince Nicolas de Chenu-Bontemps est nommé colonel d'artillerie ;

S. A. R. le prince Louis de Chenu-Meradec est nommé lieutenant-colonel de cavalerie ;

S. A. R. le prince François de Chenu-Bontemps est nommé chef de bataillon d'infanterie de ligne ;

S. A. R. le prince Jules de Chenu-Bontemps est nommé chef d'escadrons de dragons ;

S. A. S. le prince Oscar de Chenu-Visé est nommé chef d'escadrons de hussards ;

S. A. le prince Onésime de Chenu-Chenu est nommé capitaine de carabiniers ;

S. A. le prince Charles-Henri de Chenu-Chenu est nommé capitaine d'infanterie légère ;

S. A. le prince Godefroy de Chenu-Chenu est nommé capitaine du génie ;

S. A. R. le prince Louis de Chenu-Meradec est nommé enseigne de vaisseau.

ART. II. — Nos ministres de la guerre et de la marine sont chargés, chacun en ce qui le concerne, de l'exécution de la présente ordonnance.

Fait en notre royale métairie de Sassetot-le-Mauconduit, le 15 octobre de l'an du Seigneur 1873.

ELZÉAR.

Par le Roi :   Par le Roi :
Le ministre de la guerre,   *Le ministre de la marine,*
Général DE LA CHAPELLE.   V. DUSOUFFLE.

———

S. M. le Roi a daigné adresser la lettre suivante à LL. Exc. MM. les ministres de la guerre et de la marine :

« Messieurs les ministres,

» En vous transmettant l'ordonnance royale qui appelle les princes mes cousins à différents emplois dans mes armées de terre et de mer, ordonnance que vous aurez à contresigner, je crois utile de vous fournir quelques explications.

» Je n'ai entendu nullement créer aux princes des sinécures, encore moins leur donner des épaulettes de fantaisie.

» Je désire donc que vous me les placiez aux endroits où il y aura de la besogne et pas de politique à faire. Si la politique — j'entends la politique révolutionnaire — est malsaine pour le peuple, elle est pestilentielle pour les princes.

» Je jugerai ainsi du bon esprit des compagnies, bataillons, régiments et divisions où mes cousins serviront, précisément par le bon esprit dans lequel je verrai chacun d'eux vis-à-vis de moi (1). Ce me sera un thermomètre commode et qui aura bien son prix. »

(1) M. Berryer, 7 février 1864.

(1) Maréchal Soult. Notes au roi.

» Cette lettre n'étant à d'autre fin, je prie Dieu, messieurs les ministres, qu'il vous ait en sa sainte et digne garde.

» ELZÉAR. »

PARTIE NON OFFICIELLE

Yvetot, le 15 octobre 1873.

Le royaume d'Yvetot vient d'avoir son Cinq Novembre anticipé. On trouvera plus loin, dans le compte rendu des débats de l'Assemblée nationale yvetotaise, tous les détails concernant cette heureuse et pacifique solution de nos troubles intérieurs.

Vers sept heures du soir, la députation nommée par l'Assemblée nationale, S. Exc. M. le Président Abax en tête, se rendait à Sassetot-le-Mauconduit où se trouve présentement Sa Majesté le Roi. A cette députation s'étaient joints spontanément un grand nombre de membres de la droite, du centre droit et même quelques membres du centre gauche.

Arrivée à la royale métairie, la députation fut immédiatement introduite dans la grande pièce d'honneur du rez-de-chaussée.

Quelques minutes après, S. M. Elzéar XIX entrait accompagné de sa nombreuse famille.

L'entrée du Roi fut saluée par les plus vives et les plus enthousiastes acclamations. *Vive le Roi! Vive le sauveur de la patrie! Vive notre père à tous! Vive la religion! Vive l'antique royaume d'Yvetot!* Tous ces cris se croisaient, se succédaient, se répétaient que c'était merveille. Il y eut un moment où l'émotion fut au comble, où l'attendrissement devint général, ce fut quand le Roi, qui tendait les deux mains aux baisers de l'assistance, se les sentit saisir et presser par l'athlétique M. Batlamort, député d'Harfleur. Le Roi ne put retenir un léger cri de douleur.

— Pardon! Sire, fit M. Batlamort, en balbutiant, je vous ai fait mal peut-être?

— Non, monsieur, répondit le Roi avec le plus gracieux sourire, la poignée de main d'un fidèle sujet comme vous, si énergique qu'elle soit, ne fait jamais de mal.

Enfin le Roi put gagner l'estrade qui avait été dressée au fond de la salle.

A sa droite prirent place LL. AA. RR. Mgr Gaspard-Louis-André Chenu-Meradec, comte du Havre; Mgr André-Louis-Gaspard Chenu-Meradec, prince d'Onville;

Mgr Louis-André-Gaspard Chenu-Meradec, duc de Vermeu;

A sa gauche, LL. AA. RR. Mgr Joseph-Jules-François-Nicolas de Chenu-Bontemps, duc de Valconduit; Mgr Nicolas-François-Jules-Joseph de Chenu-Bontemps, comte d'Ars; Mgr François-Jules-Joseph-Nicolas de Chenu-Bontemps, prince d'Orchez; Mgr Jules-François-Nicolas-Joseph de Chenu-Bontemps, comte des Phares;

Derrière, les autres membres de la famille royale et de la famille du Roi, présente à Yvetot.

Près du Trône, et de chaque côté, se sont réunis : Nosseigneurs les Evêques, les Maisons de Leurs Majestés et de Leurs Altesses Royales, les Ministres, les membres du Conseil royal, les Officiers-Généraux de l'armée de terre et de mer, le Grand-Chancelier de l'ordre royal de Saint-Wandrille, le gouverneur des Menins, les grands-cordons de Saint-Wandrille. Tout le monde était debout. Le grand-maître des cérémonies a pris les ordres du Roi, et S! Exc. M. le Président Abax, s'est avancé.

Au milieu d'un silence profond, M. le Président de l'Assemblée nationale a prononcé les paroles suivantes :

« Sire,

» L'Assemblée nationale d'Yvetot, dans sa séance de ce jour, à la majorité d'une voix, vous a rappelé au trône de vos ancêtres, et a chargé son bureau d'apporter respectueusement à Votre Majesté les résultats de son vote solennel.

» Le bureau de l'Assemblée nationale, Sire, obéissant, comme c'est son devoir, aux ordres de la majorité parlementaire, déposé aux pieds du trône ses souhaits bien sincères pour la prospérité et la gloire du règne de Votre Majesté. »

Sa Majesté a répondu :

« Monsieur le Président,
» Messieurs les Députés,

» Rappelé au trône de mes ancêtres par la majorité de l'Assemblée nationale, je défère à son vœu, je réponds à son appel, et me voici prêt à me consacrer tout entier au bonheur des peuples dont la Providence, dans ses vues éternelles, m'a confié la conduite.

» Je ne m'effraye pas trop, monsieur le Président, de la faible majorité dont vous avez bien voulu me donner le chiffre, et mon orgueil royal ne s'en émeut nullement. Il en est des petites majorités comme des petits poissons. Avec le temps, elles deviennent grandes. Il ne s'agit que de les laisser vivre. Je m'y appliquerai.

» Dès ce moment, je prends en main le gouvernement de mes Etats. Que Dieu sauve le roi et protége le royaume! »

A ces derniers mots éclatent de nouveau les transports de la noble assistance.

Ces transports accompagnent la députation de l'Assemblée nationale quand elle prend congé du Roi et quitte la salle; ces transports la suivent tout le long de la route jusqu'à son retour à la chapelle du Petit-Séminaire où l'Assemblée siége en permanence.

La ville d'Yvetot, tout entière, s'illumine en un clin d'œil; on se presse autour de la Proclamation de Sa Majesté que les gardiens de ville commencent à afficher; on apporte des fanaux, des lanternes, des torches, on lit tout haut le manifeste royal; on le commente, on l'applaudit. Le calme est sur tous les fronts, la joie dans tous les cœurs; et, depuis bien des années, l'honnête population de cette capitale regagne enfin ses pénates et s'endort avec la certitude de se réveiller à l'aube d'un heureux lendemain.

Ainsi s'est accompli, sans désordre d'aucune sorte, cette restauration yvetotaise tant redoutée et tant désirée à la fois, tant de fois démentie et tant de fois affirmée. On ne peut guère la comparer qu'à la restauration de Charles II d'Angleterre, en mai 1660. Si la pluie n'était pas tombée avec une abondance désespérante dans la matinée, et si, par suite, la boue n'avait point envahi nos places et nos rues, il n'y a nulle exagération à prétendre que c'est à deux genoux, que le peuple de cette ville et de ce pays eût accueilli la nouvelle qu'Elzéar XIX consentait, enfin, en vue du salut commun, à ressaisir d'une main ferme le sceptre de ses aïeux. C'est que les mêmes erreurs, chez les nations, amènent partout les mêmes repentirs.

Toutes les troupes, néanmoins, avaient été consignées, et de nombreuses patrouilles, à tous risques, ont sillonné les rues jusqu'à une heure du matin.

L'ingratitude proverbiale des rois n'a jamais approché du cœur des Chenu. On le sait de reste. A peine remonté sur le trône de ses ancêtres, S. M. le Roi, voulant récompenser dignement les services du lieutenant-général Douglas qui, pendant l'interrègne, a su maintenir l'ordre avec tant de sagesse et d'énergie, lui a fait offrir le titre de Connétable du Royaume. Le lieutenant-général Douglas a répondu :

« Sire,

» Je ne puis être que profondément touché de l'estime en laquelle Votre Majesté veut bien tenir mes services.

» J'ai rempli du mieux que j'ai pu et en honnête homme mon double devoir de soldat et de citoyen. Tous mes camarades de l'armée en eussent fait autant. Aussi m'en coûterait-il qu'une récompense exceptionnelle rappelât des services qui n'ont eu d'exceptionnel que les circonstances douloureuses pour la patrie, où ils se sont produits en dernier lieu.

» Lieutenant-général j'étais, que Votre Majesté daigne souffrir que lieutenant-général je reste. Je ne suis pas Monck; je suis Douglas.

» J'ai l'honneur d'être, Sire, avec le plus profond respect,

» De Votre Majesté,

» Le très humble et très obéissant serviteur,

» Douglas. »

Cet offre et ce refus honorent à la fois et le souverain et le sujet.

***

Un déplorable incident s'est produit hier, vers six heures, pendant la suspension de la séance, à l'Assemblée nationale.

M. le colonel Lefrançois, quittant les bancs de la gauche, s'est approché de l'honorable M. Duchant, qui siége au centre gauche.

— Vous avez voté pour le rétablissement de la monarchie, me dit-on? lui demanda-t-il brusquement.

— J'ai voté d'après ma conscience, d'après les intérêts du pays et les lumières de la discussion, répondit celui-ci. Pourquoi m'interroger de la sorte? Est-ce intimidation ou pure curiosité de votre part?

— Oh! pure curiosité! fit M. Lefrançois. Eh! dites-moi, combien vous a-t-on payé votre vote?

A cette sanglante injure, l'honorable M. Duchant ne s'est malheureusement pas contenu, et des voies de fait ont été échangées.

L'indignation a été grande dans toute l'Assemblée, où M. Duchant jouit, à juste titre, de l'estime générale. Des amis se sont interposés et ont adjuré M. Lefrançois de rétracter immédiatement les paroles.

M. Lefrançois n'en a voulu rien faire. Il s'est borné à déclarer qu'il allait donner sa démission de député pour laisser libre M. Duchant de le poursuivre devant les tribunaux.

Voilà pourtant où mènent les passions politiques surexcitées ! A l'injure, à la diffamation, au scandale. Il est grand temps qu'un régime d'apaisement et d'oubli vienne remettre un peu de calme dans les esprits.

ASSEMBLÉE NATIONALE D'YVETOT

Séance du 15 octobre 1873.

PRÉSIDENCE DE M. ABAX, PRÉSIDENT.

Dès dix heures du matin, la chapelle du Petit-Séminaire, où doit se réunir l'Assemblée nationale du royaume d'Yvetot, se trouve complètement envahie.

Les orgues et les bas-côtés n'offrent plus une seule place vide. Beaucoup de dames ont, par avance, arboré les couleurs de la royauté restaurée.

La chaire a été transformée en tribune ; le banc d'œuvres en banc présidentiel. A droite et à gauche du banc présidentiel, deux tables volantes pour les sténographes et les secrétaires-rédacteurs.

Dans la grande nef, cent quatre-vingt-deux fauteuils attendent nos cent quatre-vingt-deux députés.

Une riche tenture, en velours bleu parsemé des six luzernes yvetotaises, 3, 2, 1, voile le maître-autel.

Le chœur est occupé par les membres du clergé, qui font face ainsi à l'Assemblée nationale.

Vers midi, le bruit se répand que la vérification des pouvoirs, qui a eu lieu en comité secret, dans l'une des salles du Séminaire, touche à son terme.

A une heure, M. Abax, président d'âge, arrive au banc présidentiel. Il est assisté de MM. Leclerc, Simonnet, Lucien Blond, et marquis de Fontbrumeux, secrétaires, également désignés par l'âge.

A la suite du bureau, défilent MM. les députés. De chaudes acclamations, parties de différents points de la salle, saluent au passage MM. Lequart, Duchant, de Portfranc, Mgr l'évêque de Bolbec, le général Lachapelle, MM. Moule-Lebeau, Lafoudre, Miaou-Laville, etc.

L'extrême droite et la droite vont occuper le fond de la nef ; le centre droit et le centre gauche siègent à la hauteur du bureau et de la tribune ; et la gauche et l'extrême gauche, par ironique disposition des lieux, se trouvent appuyées au clergé.

La séance est déclarée ouverte par M. le Président à une heure un quart.

M. LE MARQUIS DE FONTBRUMEUX, l'un des secrétaires, donne lecture du procès-verbal de la dernière séance en comité secret.

Il est adopté sans réclamation.

EXCUSE

M. LE PRÉSIDENT. J'ai reçu la lettre suivante :

« Monsieur le Président,

« L'état déplorable de ma santé ne me permet malheureusement pas d'assister à la séance d'aujourd'hui. Je vous prie de vouloir bien faire agréer mes excuses à l'Assemblée. » Veuillez, etc.   **C. POSTILLON,**

» Député de Lillebonne. »

Une voix. Quel intérêt a-t-il à être malade, celui-là ?

Voix nombreuses. Chut. Silence.

DISCOURS DE M. LE PRÉSIDENT

M. LE PRÉSIDENT. Messieurs, j'arrive de plain pied aux grands, aux redoutables débats qui vous ont réunis et qui vous attendent dans cette enceinte. Pour diriger l'ensemble de pareils débats avec précision et utilité, j'estime qu'il n'est pas oiseux que, tout d'abord, votre président en expose l'origine, en trace les limites, et en caractérise la portée. De la sorte, vous verrez tout de suite si je comprends bien la question et si je suis à même de vous y rappeler au cas où vous viendriez à vous en écarter. (Ecoutez ! écoutez !)

M. LEQUART. C'est très juste.

M. LE PRÉSIDENT. Vous savez tous, messieurs, la lamentable histoire de ces trois dernières années : la guerre hâtivement entreprise, mal conduite ; les désastres des armées françaises, l'invasion allemande, la révolution parisienne, l'anarchie provinciale et la dictature militaire et civile se greffant sur le tout. Dès le premier jour, il parut aux esprits les plus politiques et les plus sagaces que la France, déchirée par l'ennemi, déchirée par ses propres enfants, était profondément atteinte ; et déjà l'Europe, par je ne sais quel pressentiment ou quel remords, commençait, comme autrefois Marie-Thérèse, à s'apitoyer sur le sort de cette autre Pologne, quand la moribonde, à force de volonté et de travail, se redressa, et, debout, lança son dernier écu pour chasser le dernier Prussien. On cria au miracle. Hélas ! c'étaient les derniers spasmes d'une puissante et énergique vitalité. (Sensation.) A peine les Prussiens avaient-ils tourné le dos, que les déchirements intérieurs de la grande nation reprenaient avec une violence inouïe. On peut dire que la malheureuse est morte ou qu'elle va mourir écartelée, tirée à hue (rires) — pardonnez-moi le mot, — par la République radicale ou conservatrice, et tirée à dia (nouveaux rires) par la monarchie également conservatrice et radicale. (Rumeurs à droite.)

M. DE PORTFRANC. Nous n'acceptons pas le rapprochement, monsieur le Président. Il est inexact et blessant pour nous.

M. DUCHANT. Et pour nous aussi, alors ! (Bruit.)

M. LE PRÉSIDENT. Blessant, non! Ici, jusqu'à ce que votre vote solennel en ait décidé autrement, opinions républicaines et opinions royalistes sont au même degré discutables, et la discussion comporte tous les rapprochements. Il faut s'y aguerrir et non point s'en offenser. (Très bien!) Inexact, en quoi? J'ai appliqué à la Monarchie les deux épithètes de conservatrice et de radicale qui ne s'appliquent d'ordinaire qu'à la République, la Monarchie s'étant réservé plus spécialement celles de constitutionnelle et de légitime. J'avoue, messieurs, que je ne suis pas de la dernière force dans toutes ces compétitions d'adjectifs, et que je les emploie assez indifféremment du moment qu'ils empruntent aux faits la même signification. Du reste, ils ne sauraient avoir dans ma bouche rien qui ressemble à l'éloge ou au blâme. Votre président n'apprécie pas, ne juge pas, il expose.

M. DE PORTFRANC. Je proteste, au nom de la droite royaliste qui siége à Versailles.

M. DUCHANT. Moi, également, au nom de la gauche républicaine qui, malgré elle, siége au même endroit.

M. LE PRÉSIDENT. Qu'on le veuille ou non, que l'on proteste ou que l'on ne proteste pas, la République radicale et la Monarchie légitime ont ceci de commun, — et je vous défie de le nier, — c'est qu'elles procèdent toutes deux du même principe. Toutes deux, en effet, se déclarent antérieures et supérieures au suffrage universel et ont la prétention de ne relever, celle-ci que de Dieu fait homme, et celle-là que de l'Homme fait dieu. (Mouvement.) L'une et l'autre, en définitive, se disent et se croient de droit divin. (Très bien! au centre gauche.)

Qu'on le veuille ou non, que l'on proteste ou que l'on ne proteste pas, j'en dirai autant de la Monarchie constitutionnelle et de la République conservatrice. (Rires à droite et à gauche.)

M. DE RISEUL. Ah! par exemple!

M. LE PRÉSIDENT, *continuant.* Elles ont, messieurs, un si grand air de famille, elles se ressemblent si fort que l'on comprend à merveille qu'il leur soit arrivé bien souvent de vouloir se faire prendre l'une pour l'autre. « Regardez-moi, disait la première, je suis la meilleure des Républiques. » — « Regardez-moi, disait la seconde, je suis la plus inoffensive des Monarchies. » Et ce qu'il y a de caractéristique, c'est que toutes deux étaient sincères en parlant ainsi. (Chuchottements.)

Toutes deux, en effet, ont soin et souci de se tenir aussi éloignées du droit national que du droit divin, du suffrage universel que du radicalisme sous son double aspect, républicain et monarchique. Leur idéal à toutes deux serait, à y regarder d'un peu près; d'être une sorte de réduction en toutes choses : « réduc-
» tion de monarchie, réduction de république;
» réduction de droit divin, réduction de droit
» national; réduction d'autorité, réduction de
» liberté; réduction d'ordre, réduction d'anar-
» chie; puis, de grouper ces réductions minus-
» cules, de les faire tenir toutes ensemble dans

» le parlement de leurs rêves, et, en fin de
» compte, de pouvoir s'écrier : « Voilà toute la
» France! Politiquement, le reste ne compte
» pas! » (Rumeurs aux centres.)

M. DE RISEUL. L'exposition de M. le Président ressemble fort à une satire; le portrait qu'il prétend tracer à une caricature!

M. LE PRÉSIDENT. Si le portrait que je viens de tracer ressemble à une caricature, j'affirme à M. de Riseul qu'il n'y a pas de ma faute; il n'est pas de moi, il est de l'illustre maréchal Bugeaud.

M. DE RISEUL. Bugeaud de Transnonain!

M. LE PRÉSIDENT. Bugeaud d'Isly. Rue Transnonain, c'était M. Thiers qui commandait. (Très bien! très bien! Applaudissements à droite). Eh! messieurs, si l'on nous en pressait, ne pourrions-nous pas ajouter ce dernier trait : c'est que les partisans de la Monarchie constitutionnelle et les partisans de la République conservatrice, si faciles et si éclectifs dans la composition de leur programme politique, sont, quand il s'agit de l'exécuter, les gens les plus exclusifs et les plus intolérants qui soient au monde.

« La République sera conservatrice, ou elle ne sera pas, » avait déclaré M. Thiers.

« La monarchie sera constitutionnelle, ou elle ne sera pas, » répètent à cette heure les députés qui s'en vont à Froh-dorf trouver M. le comte de Chambord et lui mettre le marché à la main.

On sait ce qu'il advient de ces orgueilleux *sint ut sunt aut non sint* de la politique parlementaire. Cela finit régulièrement par les alliances les plus monstrueuses et les compromis les plus éhontés.

En cet endroit encore, messieurs, craignant que mon jugement n'ait point près de vous une autorité suffisante, je préfère m'appuyer sur l'opinion d'un éminent publiciste, d'un conseiller d'Etat, très fort, à ce que l'on raconte, en toutes ces matières d'équilibre et de bascule politiques. M. Weiss établissait, l'autre jour, pièces et preuves en main, que la République conservatrice de M. Thiers n'avait été et n'aurait jamais pu être qu'un leurre et un enfantillage, qu'une *bêtise* (rires), qu'une glissade, pour tout dire, menant fatalement à la République radicale de M. Gambetta. (Très bien très bien! à droite.)

Le raisonnement de M. Weiss sur la République conservatrice, en bonne et saine logique, était assurément irréprochable; mais en bonne et saine logique, — et peut-être sans que M. Weiss s'en soit douté, — ce raisonnement-là s'applique également à la Monarchie constitutionnelle de M. d'Audiffret-Pasquier. La Monarchie, à tout prendre, a les mêmes versants et la même dérive que la République; et si, de la République conservatrice de M. Thiers, on doit fatalement glisser à la République radicale de M. Gambetta, on ne voit pas trop pourquoi, de la Monarchie constitutionnelle de M. d'Audiffret, on ne glisserait pas à la Monarchie radicale de M. de Belcastel. (Rumeurs à droite.) Mêmes pentes, mêmes entraînements, mêmes culbutes. (Très-bien ! à gauche.)

Du reste, messieurs, cette manière de voir, vous le savez, a été instantanément celle de tout le pays de Caux; et c'est à ce mouvement simultané, unanime, irrésistible de l'opinion cauchoise qu'est due la révolution pacifique qui vous envoie siéger dans cette enceinte.

On s'est dit partout, dans nos campagnes et dans nos villes, qu'il n'y avait à s'arrêter ni à l'étape monarchique imaginée par celui-ci, ni à l'étape républicaine imaginée par celui-là; qu'en révolution, les étapes étaient vite franchies, et que mieux valait savoir tout de suite ce qui nous attendait au terme du voyage, soit d'un côté, soit de l'autre. (C'est cela! c'est cela!)

Or, messieurs, notre surprise n'a pas été médiocre quand il nous a fallu reconnaître : d'une part, que la République radicale n'aboutissait à rien moins qu'à l'émiettement de la France en ligues républicaines du Midi, du Nord, de l'Est, de l'Ouest, du Sud-Ouest, du Sud-Est, du Sud-Sud-Ouest, du Sud-Sud-Est, etc., etc., tous les points de la rose des vents; et que, d'autre part, la royauté radicale, avec les idées de décentralisation particulièrement chères à M. le comte de Chambord et à son parti, défaisait non-seulement l'œuvre administrative de la Convention et des Napoléon, mais encore celle de Louis XIV, et, jusqu'à un certain point, celle de Henri IV.

M. MIAOU-LAVILLE. Les Ligues dont vous parlez, loin de toucher à l'indivisibilité de la République, auront pour but de la raffermir !

M. MOULE-LEBEAU. La décentralisation royale, dont vous méconnaissez les effets, loin de mettre à mal l'unité nationale, aura pour résultat de la rétablir sur les antiques bases dont la Révolution et quelques-uns mêmes des anciens rois de France, ont eu grand tort de la faire dévier.

M. LE PRÉSIDENT. Je le veux bien, messieurs; et il ne m'appartient pas, à cette place, de m'élever contre l'une ou l'autre de ces déclarations. Je ne puis que constater ceci : c'est que, d'après vos propres aveux, la République et la Royauté sont tout au moins d'accord pour repousser la puissante et forte unité de l'Empire...

M. LE COLONEL LEFRANÇOIS. Dites la tyrannie de l'Empire !

M. PAGÈS-PETIT. Dites l'exécrable centralisation de l'Empire !

M. LE PRÉSIDENT. Je dirai tout ce que vous voudrez, pourvu que, en somme, vous me permettiez de répéter qu'il y a un point qui semble acquis dès à présent : c'est que la République et la Royauté radicales repoussent avec la même horreur tout l'héritage de l'Empire, pour en revenir, soit sous la forme communaliste, soit sous la forme de pays d'Etats, à la diversité et à l'indépendance respective des communes ou provinces, petites ou grandes, qui composaient l'ancienne France.

Ainsi, messieurs, voilà qu'en France, si nous écartons deux formes intermédiaires de gouvernement plus ou moins fragiles, plus ou moins chimériques, — je parle toujours d'après la manière de voir d'hommes d'Etat beaucoup plus forts que moi en ces matières, — on peut, dès à présent, prévoir le jour et l'heure où il ne restera plus en présence que la Royauté radicale et la République radicale; et il se trouve que République et Royauté sont unanimes pour nous déclarer, à nous provinces, à nous départements, à nous humbles.Cauchois : « Vous savez ! préparez-vous à vivre de votre vie propre; vous êtes d'assez grandes personnes pour cela. Votre tutelle nous fatigue et vous déshonore ! »

Est-ce cela, messieurs ? Ai-je traduit exactement le sens et la pensée que, dans ce pays de sagesse et de réflexion, on a fini par donner aux derniers prospectus débités par les vendeurs ordinaires du *catholicon* royaliste et du *catholicon* républicain? (Profonde sensation.)

M. LEQUART. Oui, monsieur le Président, sur ce point, et personne ne le déplore plus que moi, vous êtes malheureusement dans le vrai. Oui, hélas! oui.

M. LE PRÉSIDENT. Si vous me répondiez non, je prendrais la liberté de vous demander pourquoi vous êtes ici?

Vous êtes ici parce que les Cauchois comprennent à demi-mot, et ne sont point gens à qui l'on met, par deux fois, le marché à la main. Dès qu'il leur a été démontré que, prochainement, par la seule force des choses, on les inviterait à vivre de leur vie locale, ils se sont résolus à ne point attendre cette mise en demeure. Versailles avait ses henriquinquistes et ses orléanistes, Yvetot a eu les siens; Versailles avait ses fusionnistes, Yvetot a eu les siens, Versailles avait ses thiéristes et ses gambettistes, Yvetot a eu les siens; Versailles avait ses bonapartistes tenaces et persévérants, Yvetot, vous le savez, de reste, a eu également les siens; Versailles, enfin, avait son Assemblée nationale, et Yvetot s'est donné le luxe d'avoir la sienne.

Comme vos très illustres confrères de Seine-et-Oise, messieurs, vous êtes appelés à vous prononcer entre le blanc bonnet de la Royauté et le bonnet rouge de la République. Lequel des deux coiffera le pays de Caux? C'est à vous de prononcer, paraît-il ! (Exclamations.)

Pas de marches et de contremarches; pas de coalitions alambiquées, pas de défections savantes. Nous n'avons ni temps, ni patrie à perdre.

La question d'ailleurs, chez nous, se trouve simplifiée en ce sens que nous avons, pour chaque solution, un personnel double et triple de celui dont on peut disposer à Versailles.

Vous arrêtez-vous à la solution de la République radicale? A coup sûr, il serait de mauvais goût, à moi, de dire quoi que ce soit qui pût contrister M. Gambetta, de Cahors; mais, la main sur la conscience, et sans trop vouloir flatter l'honorable M. Lamothe, d'Eu, ici présent, je puis bien dire que nous avons parmi nous, en sa personne, la grosse pièce de la petite monnaie de l'ancien dictateur de Tours. (Hilarité à droite.)

Des Challemel-Lacour, des Spuller, des Ranc, et des Duportal, je ne parle même pas, ils abondent et foisonnent dans nos parages. (Nouvelle hilarité.)

Vous arrêtez-vous, au contraire, à la solution de la monarchie légitime? Quelque glorieuse que soit la maison de Bourbon entre toutes les maisons royales d'Europe, la maison royale d'Yvetot la prime et la domine de la hauteur de plusieurs siècles. Qui ne connaît la légende des Chenu? Clovis II, dans un moment de fureur, ayant méchamment tué de sa main Pierre Chenu, sire d'Yvetot, tout le pays de Caux se souleva et déclara qu'il n'obéirait plus au Mérovingien. Clovis II reconnut sa faute, et, pour l'expier, releva de son serment d'obéissance féodale le fils de Pierre Chenu et le déclara Roi. L'antiquité des Chenu! mais elle est proverbiale parmi les Yvetotais. Lorsque, pour fêter un ami, nos paysans vont chercher quelques vieilles bouteilles de derrière les fagots, ils disent : « *C'est du Chenu!* » Jamais il ne leur viendra à l'idée de dire : « *C'est du Capétien!* » (Rires à gauche.)

Le descendant direct de cette race illustre, messieurs, le prince Elzéar, a le chagrin lui aussi, de n'avoir pas d'enfants; mais, en revanche, il a, non pas une, mais deux, mais trois, mais quatre lignes de cousins d'Orléans. Quand on a le change, en fait de cousins politiques, c'est une ressource. (Nouveaux rires.)

Que vous dirai-je de plus, messieurs! Votre sort est entre vos mains. Tout dépend de la solution que vous allez adopter. Sans doute, quelques esprits chagrins ont objecté que nous n'étions pas préparés à une pareille besogne; que cette besogne n'était pas la nôtre; qu'elle avait depuis tant de temps, en France, été celle de la centralisation royale et impériale qu'en vérité nous en avions perdu l'habitude et qu'à l'âge de nation où nous étions parvenus il était criminel d'attendre que nous nous y remissions. Quelques autres ont ajouté, avec la modestie qui les caractérise, qu'ils étaient trop ignorants ou trop limités dans leurs études pour que puisse naître subitement en eux les connaissances, l'énergie, la modération, le respect d'autrui, l'initiative et la prévoyance qui constituent l'art de se gouverner soi-même.

A tout ce verbiage, messieurs, les grands hommes du Comité de Nancy, vous savez bien! les grands hommes du Comité de Nancy ont répondu d'avance « qu'on n'apprenait l'art de se gouverner qu'en le pratiquant; que l'expérience d'autrui ne se communique jamais complétement; que l'on ne sait bien que ce que l'on a appris soi-même; et que l'on n'est parfaitement à l'abri que des fautes dans lesquelles on est tombé, ou du moins que l'on a été sur le point de commettre. »

Donc, messieurs, et c'est par là que je termine, toujours avec le même et illustre Comité, « il ne faut pas vous effrayer des erreurs et des abus auxquels pourra se laisser aller votre inexpérience. Le mal, par la souffrance dont il sera suivi, apportera de lui-même son remède. La plupart des peuples n'ont fait leur éducation, n'ont appris à se corriger et à se régler, qu'a-

vertis et conseillés par les revers et les douleurs qu'avaient entraînés leurs sottises et leurs excès.»

Ainsi soit-il. Il est certain qu'à ce compte notre éducation, depuis trois ans, a dû marcher grand train. (Rires et applaudissements.)

DISCUSSION DE LA PROPOSITION DE CIPIENS

M. LE PRÉSIDENT. Messieurs, M. le vicomte de Cipiens et vingt-sept de ses amis ont déposé sur le bureau une proposition conçue en ces termes : « L'Assemblée nationale d'Yvetot rappelle au trône d'Yvetot ELZÉAR Joseph-Marie **DE CHENU**, arrière-petit-fils du dernier roi, et, après lui, les autres membres de la maison Chenu, dans l'ordre ancien. » La parole est à M. le vicomte de Cipiens, pour développer sa proposition.

M. LE VICOMTE DE CIPIENS. Pardon, monsieur le Président, mais M. le prince d'Impedimenti m'a exprimé le désir de l'obtenir avant moi, et je la lui cède volontiers.

M. LE PRÉSIDENT. M. le prince d'Impedimenti a la parole.

M. LE PRINCE D'IMPEDIMENTI, *à la tribune.* Je ne me propose pas, messieurs, de prendre une part bien longue, encore moins bien décisive, dans le tournoi oratoire brillamment ouvert par M. le Président; et je ne serais probablement pas monté à cette tribune si, avant toutes choses, je n'avais cru nécessaire de définir le rôle exact de notre pieux et admirable clergé dans cette crise politique du pays et de dégager à l'avance sa responsabilité. (Mouvement d'attention et de curiosité.)

Messieurs, le lieu même où se tiennent nos séances, le titre de Vidame de Saint-Wandrille que l'on sait inséparable du titre du Roi d'Yvetot, et quelques autres circonstances encore, ont fourni à la médisance révolutionnaire (oh! oh!) l'honnête prétexte d'inquiéter l'opinion publique et de lui faire voir dans la révolution qui s'apprête le triomphe exclusif du clergé. Il importe de rétablir les faits et de lutter contre ces surprises de l'opinion. (Très bien! à droite.)

Nous siégeons dans la chapelle du Petit-Séminaire, parce que tout Yvetot n'avait pas de local plus convenable à nous offrir. (Oui! oui!)

M. MOULE-LEBEAU. L'Assemblée de Versailles siège bien dans un théâtre; ce n'est pas pour cela, nécessairement, une assemblée de comédiens.

M. LE PRINCE D'IMPEDIMENTI... Et, quant a titre de Vidame de l'abbaye de Saint-Wandrille, s'il rappelle tant de souvenirs, que de comparaisons et de contrastes ne rappelle-t-il pas?

« Cette grande abbaye, dont les restes, aux trois quarts détruits, nous frappent d'étonnement, c'était, vous le savez, le siége de la plus puissante congrégation monastique de notre pays de Caux, celle qui a le plus illustré le moyen-âge par les produits de son savoir, celle aussi qui étendait le plus au loin dans notre contrée ses droits seigneuriaux et son immense domaine.

» Elle régnait sur tout le pays, qu'elle administrait presque à elle seule, souvent avec sagesse et bienveillance. Comment, en présence des vestiges d'une telle puissance, ne pas faire d'involontaires réflexions sur les révolutions sociales qui l'avaient d'abord élevée si haut, puis qui l'ont ensuite si complétement détruite !

» C'est que cette domination du clergé au moyen-âge et dans l'ancien régime, expliquée par l'histoire, et souvent justifiée par ses bienfaits, a disparu à l'heure voulue par la Providence avec les faits exceptionnels qui l'avaient produits. (Chuchottements à droite.) Rien, absolument rien de pareil, ni qui y ressemble de près ou de loin, ne saurait, de nos jours, prendre naissance. Je ne dis pas cela pour éclairer les auditeurs qui m'écoutent et qui n'ont pas besoin d'une telle assurance. Mais je le dis pour qu'ils le répètent aux populations dont la calomnie essaye souvent d'égarer les susceptibilités inquiètes. (Légères rumeurs.)

» Je le dis pour que ma voix qui ne craint aucun écho, arrive jusqu'à elles. Rien de ce qui ressemble à un pouvoir légal du clergé ne pourrait même reparaître au jour. Il est aussi ridicule d'en craindre le retour qu'il serait chimérique de l'espérer. Les dignes, les excellents prêtres qui sont assis parmi nous ne me contrediront pas...»

M. LE COLONEL LEFRANÇOIS. Pardon ! ils vous ont contredit déjà et vous contrediront encore. Voyez seulement si, du moindre geste, s'acquiescent à ce que vous dites.

M. D'IMPEDIMENTI. « Ils ne me contrediront pas si j'affirme qu'ils ne peuvent garder d'autre supériorité sur nous que celle qu'ils tiennent de leurs vertus et de la sublimité d'une croyance qui élève leurs esprits au-dessus des soucis de la terre. C'est bien assez pour qu'ils gardent sur nos cœurs l'empire auquel ils ne peuvent ni ne veulent prétendre désormais dans nos lois.

» Il faut que le pays sache bien que, quel que soit le gouvernement que l'Assemblée nationale donne à Yvetot, aucun sacrifice ne sera demandé aux conditions sociales auxquelles nous sommes tous également attachés. » (Très bien ! très bien !)

M. LEQUART. Des mots, des mots, toujours des mots.

M. LE VICOMTE DE CIPIENS. Puisque, de ce côté-ci de l'Assemblée, on paraît ne plus aimer les mots, nous allons tâcher de fournir des faits, rien que des faits.

M. LE PRÉSIDENT. Permettez, monsieur de Cipiens, vous avez cédé votre tour de parole à M. d'Impedimenti ; vous ne sauriez la prendre immédiatement après lui, car, de cette façon deux orateurs, très probablement parleraient dans le même sens. Je la donne à M. Pierre Lepouce qui l'a demandée pour répondre à M. d'Impedimenti.

M. PIERRE LEPOUCE. C'est, en effet, pour répondre à M. d'Impedimenti, uniquement pour cela que je prie l'Assemblée de m'accorder quelques minutes de sa bienveillante attention.

Pas plus que lui je ne me propose d'entrer dans le débat proprement dit ; mais je m'inquiète, à son exemple, du rôle que l'opinion publique s'obstine à prêter au clergé dans tout ceci.

L'honorable préopinant a cherché, avec un grand tact politique, à dégager la responsabilité de nos excellents prêtres, de toutes nos querelles de partis. Il s'est efforcé de les représenter comme désintéressés dans la lutte, sans parti pris pour le présent, sans ambition personnelle pour l'avenir.

Est-ce bien exact? Et est-il bien possible de donner ainsi le change à tout un peuple quand, depuis quelques mois, la chaire des vérités éternelles, publiquement, au vu et au su de tous les fidèles, s'est peu à peu transformée en chaire de prédications légitimistes. (Dénégations à droite. — Vive émotion parmi l'assistance du chœur.)

M. PIERRE LEPOUCE. Ah ! messieurs, croyez que personne ne serait plus heureux que moi si vous pouviez me prouver que je ne suis pas dans le vrai ou que du moins j'exagère. Mais il n'en est pas ainsi ; et savez-vous, messieurs, ce qui me préoccupe et m'alarme le plus dans la restauration qui va s'accomplir — car je crois à votre majorité passagère — ce qui m'alarme le plus c'est la solidarité hautement affichée pour la seconde fois, hautement proclamée, hautement revendiquée, du trône et de l'autel. On ne sait pas au juste ce que le trône a jamais pu gagner à cette alliance, on sait ce que le clergé y perd.

Il y perd son indépendance morale et son prestige auprès des peuples. Ne l'a-t-on pas vu en 1789 et sous la première Restauration des Bourbons en France? Cette double expérience n'a donc pas été suffisante qu'on ose la recommencer?

Mais qu'on y prenne garde, autant l'Empire pouvait pour le clergé, — quoi qu'il fît, un Bonaparte, auprès des défiances populaires, ne pouvait passer pour l'enfant préféré de l'Eglise romaine — autant la Royauté que vous allez restaurer pourra peu pour lui ; et à quel moment la Royauté sera-t-elle impuissante et paralysée dans ses bonnes intentions cléricales? Au moment où le clergé va tenter pour vous une expérience qui sera de beaucoup la plus terrible des trois.

En 89, en effet, messieurs, c'était la haute aristocratie qui devenait voltairienne, — pour ne pas me servir d'un autre mot ; — en 1830, c'était la bourgeoisie ; aujourd'hui, ce sont les masses.

Les terreurs de la guillotine et les misères de l'émigration ont bien vite ouvert les yeux à la noblesse qui est bien vite venue à résipiscence et a fait acte de contrition pour son incrédulité passée.

Cela a été plus difficile pour la bourgeoisie. Il a fallu la catastrophe de Juillet, les journées de Juin et de la Commune pour la ramener à l'Eglise.

Quels cataclysmes faudra-t-il pour ramener le peuple, si, par une imprudence que j'ose à peine qualifier, on donne raison à ses craintes, à ses préjugés, si vous voulez, et si on lui montre le clergé prenant résolûment parti contre lui.

MGR DE BOLBEC. Le clergé n'a jamais pris et

ne prendra jamais parti contre le peuple. C'est le clergé qui est son véritable ami et son plus ferme soutien.

M. PIERRE LEPOUCE. Je ne sais, monseigneur; au fond, cela peut être vrai; mais en apparence il n'en est pas moins acquis — et monseigneur m'accordera bien cela — que le clergé est contre tout ce qui n'est pas légitimiste. Or, le peuple n'est pas légitimiste.

Voix à droite. Qu'en savez-vous?

M. PIERRE LEPOUCE. Je le sais, et vous le savez aussi.

Voix nombreuses à droite. Non! non!

M. PIERRE LEPOUCE. Vos dénégations ne détruiront pas l'universelle affirmation du pays. Le clergé est légitimiste et le peuple ne l'est pas. Je n'ai pas voulu dire autre chose et je crois n'avoir pas dit autre chose.

Eh bien! messieurs, c'est là un malheur d'une portée incalculable. Il n'y a que demi-mal dans les erreurs philosophiques ou religieuses des classes élevées d'une nation : elles ont assez de loisir et d'instruction pour ouvrir à temps les yeux à la vérité et à la conversion. Et d'ailleurs, que pèsent-elles, en définitive, dans le vaste ensemble d'une grande société? Le poids de quelques gouttes d'eau dans l'Océan.

Il en est tout autrement quand, par manque de tact d'un côté, défaut d'instruction de l'autre, l'incrédulité, que dis-je l'incrédulité! la défiance de la religion pénètre dans le peuple. Cela commence à la haine d'un régime politique et cela finit à la haine du prêtre. On brûle le trône sur la place de la Bastille et l'on s'en va de là faire le sac de l'archevêché et profaner Notre-Dame. (Bruit.)

Voix à droite. Ce sont vos amis qui font cela!

M. PIERRE LEPOUCE. Eh bien! messieurs, je suis de ceux qui croient que la royauté peut perdre sa dernière bataille, parmi nous, sans que nos destinées nationales en soient affectées outre-mesure; mais que le catholicisme ne le peut pas sans nous faire sombrer.

Et quel moment, vous demanderai-je une seconde fois, quel moment choisit-on pour embarquer le clergé en de telles aventures et en de telles complicités politiques? Le moment où M. de Bismark se fait étourdiment le pape du protestantisme, du luthérianisme, du calvinisme, du vieux catholicisme, que sais-je? contre l'Eglise catholique romaine. L'Eglise catholique romaine, mais elle est aujourd'hui notre dernière grande armée morale et qui la compromet dans sa cause particulière est criminel envers le pays. (Tumulte.)

M. LE GÉNÉRAL LACHAPELLE. Il n'y a de criminels envers le pays que ceux qui l'ont arraché à l'Eglise pour le livrer à la Révolution, entendez-vous?

M. DE PORTFRANC. L'orateur n'a pas le droit de parler ainsi, lui moins que tout autre.

M. MOULE-LEBEAU. C'est indécent. Monsieur le Président, rappelez l'orateur au respect de lui-même, au respect de l'Assemblée.

M. LE PRÉSIDENT. Du calme, monsieur Moule-Lebeau, du calme, si vous ne voulez pas que je commence par vous rappeler à l'ordre tout le

premier. L'orateur n'a excédé les limites d'aucunes convenances, c'est vous qui franchissez celle de la modération. La parole est M. le vicomte de Cipiens.

M. LE VICOMTE DE CIPIENS. Nous ne savions pas, mes amis et moi, M. Pierre Lepouce aussi plein de sollicitude pour le catholicisme. Cette sollicitude nous étonne et nous réjouit en même temps. Aussi voudrais-je le tranquilliser autant qu'il est en moi. Ce n'est pas au point de vue religieux, c'est au point de vue exclusivement temporel que nous tous qui siégeons de ce côté (l'orateur montre la droite), nous avons pris l'initiative de la proposition qui vous est soumise et tendant au rappel de l'antique Monarchie d'Yvetot.

Que cette proposition ait été vue d'un œil favorable par les ministres et les apôtres d'un Dieu de paix et de réconciliation, nous ne pouvons, à coup sûr que nous en féliciter; mais la vérité est que nous n'avons jamais songé à demander leur concours....

M. LAFOUDRE. Oh! oh!

M. LE VICOMTE DE CIPIENS. Quand j'affirme, je prie l'honorable M. Lafoudre de vouloir bien me faire l'honneur d'accepter ma parole. (Rumeur à gauche.) Nous n'avons point demandé le concours du clergé par cette bonne raison que notre proposition, telle du moins que nous la comprenons, repose sur des considérations d'un ordre étroitement humain. Ces considérations, j'ai accepté de les développer devant vous. Les voici :

« Messieurs, le temps fait les choses humaines et il les détruit. Le progrès des âges avait insensiblement miné le vieil édifice de notre société et de notre royauté historiques. Des mains pieuses auraient restauré et rajeuni cet édifice. Au lieu de cela, la Révolution est venue qui l'a renversé.

» A cette grande catastrophe se rattache notre condition présente.

» C'est parce que les institutions locales de l'ancien régime se sont écroulées que vous avez eu la centralisation de la Convention d'abord et de l'Empire ensuite.

» C'est parce que les magistratures paternelles de la royauté avaient péri que vous avez eu les fonctionnaires de César.

» César et son pouvoir central ont fait la conquête de votre droit; ils se sont enrichis de toutes les dépouilles de la société.

» Plus tard, sous les Bourbons de la branche aînée et de la branche cadette, leur gouvernement libéral et parlementaire s'est trouvé placé en face de cette autorité monstrueuse des Napoléons, et c'est à cette autorité monstrueuse et contre nature que la garde de nos droits politiques, restaurés avec la royauté, s'est fatalement trouvée confiée.

» De là les mécomptes et les malentendus, les souffrances et les malheurs du règne de Charles X et de Louis-Philippe Ier.

» Que voulez-vous? On l'a dit bien souvent, les circonstances ambiantes sont plus fortes que les hommes, si éclairés, si sages et si forts qu'ils soient. Or, voici avec quelle organisation césarienne le parlementarisme français s'est jusqu'ici trouvé aux prises :

» Bon gré, mal gré, tous les ministères de la Restauration et de la Monarchie de Juillet, sous peine de ne pas être, ont voté par l'universalité des employés et des salaires que l'État, tel qu'il a été conçu et organisé par les Bonapartes, distribue. Ils ont voté par l'universalité des affaires et des intérêts que la centralisation leur soumet; ils ont voté par tous les établissements religieux, civils, militaires, scientifiques, que les localités ont à perdre ou qu'elles sollicitent; ils ont voté par les routes, les ponts, les canaux, les hôtels-de-ville, car les besoins publics satisfaits sont des faveurs de l'administration et pour les obtenir, les peuples, nouveaux courtisans, doivent plaire. En un mot, les ministères ont voté de tout le poids du gouvernement qu'ils ont fait peser sur chaque département, chaque commune, chaque profession, chaque particulier.

» Ainsi, d'avance le gouvernement parlementaire n'avait pas été subverti par le gouvernement impérial, il avait été perverti; il a existé contre sa nature. Au lieu de nous élever, il nous a abaissé; au lieu d'exciter l'énergie commune, il a relégué tristement chacun de nous au fond de sa faiblesse intellectuelle; au lieu de soulever le sentiment de l'honneur qui est notre esprit public et la dignité de notre nation, il l'a étouffé, il l'a proscrit; il nous a puni de ne pas savoir renoncer à notre estime et à celle des autres. Voilà les legs de l'Empire et non du régime parlementaire. (Très bien! très bien!)

» Nos arrière-grands-pères, messieurs, n'avaient pas connu cette profonde humiliation; ils n'avaient pas vu la corruption dans le droit public donnée en spectacle à la jeunesse étonnée comme la leçon de l'âge mûr. Voilà où nous en étions descendus. Le mal était venu du pouvoir monstrueux et déréglé qui s'était élevé sur la ruine de toutes nos institutions. Une société sans institutions ne pouvait être que la propriété de son gouvernement; en vain on lui parlait quelque part de ses droits, elle ne savait pas les exercer et ne pouvait pas les conserver. Aussi longtemps que la société a été dépourvue d'institutions gardiennes de ses droits et capables de rendre un long gémissement quand elle était frappée, le gouvernement représentatif et parlementaire n'a pu être qu'une ombre (1). »

C'est pour qu'il devienne une réalité qu'après avoir prononcé la déchéance des Césars de la centralisation, nous venons vous demander de compléter votre œuvre en rappelant le prince auguste qui mettra son honneur à nous rendre les institutions décentralisatrices sur lesquelles repose l'espoir de notre régénération politique. Il nous l'a formellement promis.

M. LAFOUDRE. Où sont-elles ces promesses formelles? Quelques conversations vagues, de l'eau bénite de cour. Pas le moindre méchant bout d'écrit. Vos Lachâtres politiques n'ont même pas le beau billet que l'on sait.

M. LE VICOMTE DE CIPIENS. Sans m'arrêter à l'interruption de l'honorable M. Lafoudre, qui est tout excusé près de moi de ne pas savoir ce que vaut au juste la parole d'un roi (très bien! applaudissements à droite), je termine, messieurs, en vous faisant observer de nouveau que le clergé n'est pour rien dans la revendication que nous poursuivons. Il est possible que, à côté de nous et sans nous, il en poursuive une seconde, analogue à la nôtre peut-être, et qui lui soit propre. Cela est bien possible, cela est même probable. Nous ne sommes pas les seuls qui ayons souffert de la Révolution; nous ne sommes pas les seuls qui reculions devant le vide et le néant des mortels principes de 89; nous ne sommes pas les seuls, enfin, qui, faisant sur nous-mêmes un salutaire retour, soyons résolus, sans fermer les yeux aux progrès matériels incontestables, des temps modernes, à en revenir, pour les progrès moraux, aux préceptes et aux errements des temps passés. (Longs applaudissements à droite.)

Si le clergé est notre compagnon de route, tant mieux. Sa présence nous encourage et nous honore. En fût-il autrement, que nous nous garderions bien de faire quoi que ce soit qui pût l'éloigner de nous, et le repousser vers ces parages inhospitaliers, où l'on ne voit en lui que de la graine d'otages. (Bruit à gauche. Très bien! très bien! à droite.) Il n'y a pas là le moindre calcul politique, il y a, — j'en demande bien pardon à M. Lafoudre et à ses amis ordinaires et extraordinaires, — une simple question d'humanité. (Triple salve d'applaudissements. L'orateur, en descendant de la tribune, reçoit les félicitations d'un grand nombre de ses collègues.)

M. LAFOUDRE. Je demande la parole.

M. LE PRÉSIDENT. Elle appartient, avant vous, à M. Lequart.

M. LAFOUDRE. Je la demande pour un fait personnel.

M. LEQUART, *à la tribune.* De droit, et aux termes des règlements de toutes les Assemblées délibérantes, la parole revient à M. Lafoudre qui l'a demandée pour un fait personnel. Cependant, je prierai mon jeune et généreux ami de ne pas insister. Au moment où nous sommes, tous les faits personnels doivent se taire et faire place au grand fait national qui nous préoccupe.

M. LAFOUDRE prononce quelques mots qui n'arrivent pas jusqu'à nous.

M. LEQUART. Messieurs, mes forces sont petites, très petites, et il faut un bien impérieux motif, un sentiment profond du devoir pour que je me résigne à affronter la fatigue d'un pareil débat, et à implorer de vous une attention et une bienveillance dont je n'eus jamais plus grand besoin. (Parlez! parlez!)

Si j'ai bien compris ce qui a été dit ici et ce à quoi l'on vise, il s'agit à la fois de réédifier le trône légitime et de faire table rase de la Révolution.

---

(1) *Projet de Nancy.* Royer-Collard.

Deux besognes difficiles et délicates entre toutes, auxquelles, messieurs, de très grands esprits se sont essayés sans avoir jamais pu se vanter d'une réussite, je ne dis pas complète, mais par à peu près.

De ces deux besognes cependant, la réédification du trône légitime est de beaucoup la moins sériuse — cela soi dit sans offenser les membres de ce côté de la Chambre; — aussi n'en dirais-je que peu de chose, et le plus rapidement que je pourrai, non par dédain, mais parce que vous êtes une Assemblée politique et non point une Académie des inscriptions et belles lettres. (Rires à gauche.) Sur la seconde, au contraire, je vous demanderai la permission de m'étendre, vu qu'elle touche à l'organisme, au génie, et, si j'ose parler ainsi, à la nécessité historique du peuple de ce pays. (Mouvement d'attention.)

J'avoue, messieurs, que je ne suis pas de ceux qui se préoccupent de ce que le futur Roi a dit ou n'a pas dit à nos honorables collègues, MM. Lucien Blond et Ormecourt : je crois. (Sourires.) Qu'il ait dit beaucoup ou peu, cela revient exactement au même; car mon grand âge et mon expérience m'ont appris malheureusement à n'accorder qu'une très médiocre confiance aux programmes royaux dressés par interrogatoire sur faits et articles. (Rires à gauche.)

Ce n'est pas que le Roi interrogé soit de mauvaise foi, loin de là! Ce n'est pas que les députés interrogateurs soient d'une naïveté et d'une crédulité qui passent toutes bornes, tout au contraire. Mais il y a autour d'eux, sous eux, au-dessus d'eux, je ne sais quelle atmosphère ambiante qui les enlève momentanément au sentiment exact des choses de l'humanité. Les uns demandent, en bons citoyens qu'ils sont, l'autre promet en roi bien intentionné qu'il est. — « Vous comprenez que la dignité de la nation demande des garanties.» — « Vous comprenez que la dignité de la royauté vous en refuse. » — « Donnons-nous-en et refusons-nous-en mutuellement l'un à l'autre, et que cela ne nous empêche pas de partir tous du pied gauche.» — On part, et l'on est tout étonné, le cercle des promesses franchi, de se retrouver nonpas côte à côte, mais dos à dos. (Très bien! très bien! au centre gauche.) Chacun s'en est allé où l'attirait la marque de son origine et la diversité de sa mission.

Cela tient, messieurs, à cette atmosphère ambiante dont je vous parlais tout à l'heure, que je n'osais analyser devant vous, et qui n'est autre que l'atmosphère de la Révolution de 1789. Atmosphère vivifiante pour ceux-ci, mortelle pour ceux-là. (Applaudissements.)

Ici, j'arrive au point capital de ma discussion, j'y pénètre, et je vous demande la permission de vous y faire pénétrer avec moi.

Donc, messieurs, nous en sommes là que, dans la presse, à la chaire et à la tribune, on renie la Révolution; et que, tout en affectant de vouloir s'en tenir aux principes des sociétés modernes, principes vagues dont on s'accommode à la rigueur, on repousse les principes de 1789, principes précis et définis qui gênent et dont on voudrait bien se débarrasser. (Très bien! à gauche.)

Eh bien! voyons-les enfin ces principes de 1789, voyons-là cette Révolution...

M. MOULE-LEBEAU. Remontons au déluge, alors!

M. LEQUART. Oui, monsieur, remontons au déluge et remercions Dieu qui, dans ce cataclysme, a accordé à vos aïeux et aux miens, une toute petite place dans son arche de Noé. (Rires.)

Mais est-ce une raison, parce que nous avons atteint le port, de nier la tempête qui nous y a poussé? (Bravo!)

Je sais, je sais, il est de mode aujourd'hui de prétendre que cette tempête-là a été la plus inutile et la plus coûteuse des tempêtes; que, sans elle, tout allait le mieux du monde; que cela a été grand dommage qu'elle éclatât; et que, somme toute, suivant l'expression de M. le comte de Chambord, « elle a tout dévasté sans rien féconder. »

C'est beaucoup diré, monseigneur; et, pour commencer par ce qui doit vous intéresser le plus, vous figurez-vous donc qu'avant 89, la royauté était le pouvoir plein d'initiative, libre de ses mouvements et de ses actes que, dans vos lettres intimes, vous avez rêvé plus d'une fois. Ce serait une bien singulière erreur. Il y a le mot du maréchal de Villeroy montrant à Louis XV, du haut de la terrasse des Tuileries, le jardin rempli d'une foule pressée et lui disant : « Voyez, mon maître, voyez tout ce » peuple, cette affluence, tout cela est à vous. » Mais le maréchal de Villeroy, — je le regrette pour la haute dignité dont il était revêtu, — n'était en politique qu'un parfait imbécile. Cela s'est vu dans tous les temps. La vérité est que la royauté, avant 1789, pouvoir central libre et absolu en théorie, était en fait le pouvoir le plus tiraillé, le plus discuté, le plus éparpillé, le plus annihilé qui fut jamais.

Des intérêts nombreux et puissants, des traditions, des précédents qu'on érigeait en lois fondamentales lui faisaient obstacle; de sorte que le droit de personne n'étant nettement défini et les mœurs politiques manquant, encore plus que les institutions, tous s'efforçaient d'empiéter sur le domaine de chacun et nul ne se tenait à sa place. Les ministres mettaient au besoin la main sur la justice, comme les parlements sur la loi, pour faire violence à l'une et à l'autre. Les magistrats d'alors, quoi qu'en disc M. le vicomte de Cipiens et quoi qu'en ait dit avant lui M. Royer-Collard, dont je me souvens à merveille, les magistrats d'alors valaient mille fois moins que les pires fonctionnaires de l'Empire. Un édit royal n'était exécutoire qu'après avoir été *enregistré* aux parlements; mais le Conseil d'État rendait *des arrêts de commandement* qui se passaient de cette formalité. Le clergé et la noblesse avaient des tribunaux particuliers, ce que vous ne demandez pas aujourd'hui, ce que vous demanderez demain; — le tiers-état des fonctions publiques, qu'il avait achetées espèces sonnantes; et, pour le plus grand nombre des charges, le roi était dépouillé d'une de ses plus importantes prérogatives, du droit d'appeler les plus capables et les meilleurs au service de l'Etat. Il en sera de même, rendez-vous en compte à l'avance par ce qui se passe aux Etats-Unis,— quand au lieu de s'adresser au fisc non pas impérial ou républicain, mais au fisc royal, l'amateur de ces charges, d'après votre plan de décentralisation, s'adressera au suffrage de ses concitoyens. Au lieu de verser au Trésor, il versera à son comité électoral. Magistrat ou fonctionnaire, il vous échappera aux deux titres et, aux deux titres, ne vaudra pas mieux. (Rumeurs.)

J'entends vos rumeurs et elles me gênent, car, très malencontreusement, je ne suis qu'au début de ma course, et, je sais que j'aurai le chagrin et vous l'ennui, moi de les provoquer, et vous de les renouveler plus d'une fois. Le mieux est, en pareil cas, de faire échange d'un peu de patience. (Oui! oui! Parlez!)

Voilà pour le Roi d'avant 89; je passe à ses ministres. Il en avait six: le chancelier, chef de la justice, mais qui n'avait plus guère qu'un titre quand il n'avait pas les sceaux, le contrôleur des finances et les quatre secrétaires d'Etat de la maison du roi, de la guerre, de la marine et des affaires étrangères. Ces ministères offraient le plus singulier enchevêtrement d'attributions, et ils se partageaient encore géographiquement le royaume. Ainsi les gouverneurs et lieutenants généraux des provinces ne relevaient pas du ministre de la guerre, mais les postes relevaient de lui, ainsi que le Dauphiné et tous les pays conquis depuis 1552. Le ministre de la marine était en même temps ministre du commerce, et les consulats, la Chambre de commerce de Marseille étaient dans sa dépendance. Le ministre des affaires étrangères réglait les pensions et administrait les provinces de Guyenne, de Normandie, Champagne, Berry, etc. Le ministre de la maison du Roi avait les affaires ecclésiastiques et les lettres de cachet, le Languedoc, Paris, la Provence, la Bretagne, la Navarre...

Voix à droite. — A la question!

M. LE PRÉSIDENT. Je ne peux rappeler l'orateur à la question; il y est, puisqu'à ceux qui ont montré les excès de la centralisation impériale, il oppose les abus de la décentralisation de l'ancien régime, mais je l'engagerai à se montrer sobre en ses développements.

M. LEQUART. Je remercie M. le Président de son bon conseil et je tâcherai d'en profiter. Je vous disais donc, messieurs, que ce 89 tant maudit avait mis fin, non pas à un ordre régulier, mais à une étrange association de choses dissemblables, qu'on devait au hasard plutôt qu'à une distribution méthodique et qui étouffait tout progrès sous l'empire de l'ignorance et de la routine. Pour les divisions administratives, il y en avait autant que d'administrations différentes. Les circonscriptions des 34 intendants, ou généralités; des 40 gouverneurs ou provinces; des 135 archevêques et évêques ou diocèses; des 17 parlements et conseils souve-

rains ou ressorts; des 22 universités, etc., etc., ne s'accordaient nullement entre elles. Le Clermontois (Dun, Stenay, Jametz et Clermont en Argonne) donné au duc d'Enghien, après Rocroy, était encore administré directement, en 1789, par la maison de Condé, qui en percevait pour elle-même les revenus. Ah! monsieur le vicomte de Cipiens, vous et vos amis de Nancy, vous, vous plaignez aujourd'hui des abus de l'uniformité et de la centralisation organisées par le Premier Consul! Eh bien! figurez-vous les résultats, dans les affaires journalières, de l'enchevêtrement de toutes ces circonscriptions différentes, opposées même selon les intérêts. Si la simplicité abrége et facilite tout, à quelles pertes de temps et d'efforts on était alors exposé! (Nouvelles rumeurs.)

M. MOULE-LEBEAU. Si l'orateur est à la question, la question est longue.

M. LEQUART. Il se peut que ces détails ennuient l'Assemblée, mais ils intéressent le pays.

M. ORMÉCOURT. Le pays de Caux n'a rien à y voir.

M. LEQUART. Ah! messieurs, le pays de Caux, quelle que soit votre décision, fera toujours partie de la France...

De toutes parts, Oui! oui! Vive la France!

M. LEQUART. Et, par conséquent, rien de ce qui touche à la France ne saurait lui être étranger. — Si cependant l'Assemblée se plaignait...

M. LE PRÉSIDENT. L'Assemblée ne se plaint de rien, mais peut-être désirerait-elle que vous abrégiez un peu.

M. LEQUART. J'abrège, monsieur le Président, j'abrège; cependant il me faut bien, en réponse à M. de Cipiens, faire voir que les magistratures de l'ancien régime, qu'il tient en si haute estime, ne valaient pas, à beaucoup près, les fonctionnaires de la Révolution, voire même de l'Empire, dont il pense et dit tant de mal. Quand on veut renouer la chaîne des temps, — suivant une expression célèbre et consacrée, — c'est bien le moins que l'on sache par quel anneau on le renouera. Sera-ce par l'anneau de la magistrature administrative? Singulière magistrature, en vérité, que celle-là! Forbonnais a calculé que, en 1664, elle comptait déjà 45,780 officiers dont les places, toutes vénales, bien entendu, étaient estimées 420 millions qui vaudraient aujourd'hui plus d'un milliard. Quelques années après, ce fut bien pis. « Pont-» chartrain, nous apprend Saint-Simon, fournit » en huit ans 150 millions avec du parche-» min et de la cire. » Il avait créé des *jurés crieurs héréditaires d'enterrements,* des *essayeurs de bières de Paris,* des *contrôleurs de perruques* et mille offices semblables. (Rires.) Cet abus, — j'espère qu'on voudra bien souffrir que j'appelle cela un abus (Nouveaux rires.) — cet abus avait même un autre et bizarre effet: le nombre des titulaires dépassant de beaucoup les besoins du service, ne servaient qu'à tour de rôle. Ainsi, dans le grenier à sel d'Yvetot, (tribunal pour les faits de gabelle), les titulaires alternaient d'année en année; les greffiers ne faisaient même leur office qu'un an sur trois. Et notez que, tous ces gens qui avaient payé grassement leurs charges, se faisaient payer de même. Si c'est là ce que M. de Cipiens appelle des magistratures paternelles, je dirai, moi, avec un contemporain, un avocat du Roi, que cette paternité intermittente n'était qu'un « pur brigandage. » (Très bien ! très bien !)

Parlerai-je des magistrats des finances. Le crédit est une puissance qui ne se développe que dans les Etats où la loi est plus forte que les caprices du pouvoir. Eh bien ! en France, avant 1789, le crédit n'existait pas, et moins encore pour le gouvernement que pour les particuliers. « On était réduit, dit le comte » Mollien, un affreux fonctionnaire du premier » Empire, à calculer les chances d'un contrat » fait avec les ministres comme celles d'un » prêt à la grosse aventure. » Les promesses les plus solennelles ayant été cent fois violées, le Trésor n'obtenait des avances qu'en donnant un gage, et même, avec cette condition honteuse, payait un intérêt usuraire de 20 p. 100 sur les avances de la Ferme générale. Ainsi le matériel d'exploitation de la Ferme générale (bâtiments et matières premières) que l'Etat aurait dû racheter s'il avait voulu percevoir lui-même ses revenus, était évalué par le comte Mollien pour l'année 1784 à 93,600,000 fr. Or, les bénéfices des fermiers s'élevait à 18 millions, l'argent que leur avait coûté ce matériel leur rapportait donc 20 p. 100. Cependant, dès ce temps, le gouvernement anglais, messieurs, trouvait facilement de l'argent à 4 p. 100 : ce qui veut dire que la puissance financière de l'Angleterre était déjà cinq fois plus grande que la nôtre. (Légères marques d'impatience.)

Et la comptabilité, messieurs ! voulez-vous que je compare les *magistrats* de la comptabilité royale et légitime avec les *fonctionnaires* de la comptabilité républicaine ou impériale ? La comptabilité, avant 1789, était si mal tenue que les comptes n'étaient établis que dix, douze et même quinze années après l'expiration de l'exercice dont ils devaient retracer les opérations ; si obscure, que nul, pas même le ministre, ne savait au juste ce que l'Etat avait à payer, ce qu'il avait à recevoir. En 1726, Fleury abandonna aux fermiers généraux quelques reliquats de comptes que le Trésor négligeait ; ils en tirèrent 60,400,000 livres (100 millions d'aujourd'hui). La veille même de la Révolution, de Calonne, Necker et les notables ne purent jamais s'entendre sur le chiffre réel du déficit et de la dette publique. En outre, le Trésor public était confondu avec le Trésor particulier du prince, de sorte que le roi puisait à pleines mains dans la caisse commune, sans autre formalité que l'ordre donné au trésorier de payer la somme marquée sur *l'acquit de comptant*. Louis XV prit ainsi, en une seule année, 180 millions employés pour une part à payer ses plaisirs et ses courtisans.

M. LE VICOMTE DE CIPIENS. C'étaient là de menus abus, dont la réforme serait venue d'elle-même.

M. LEQUART. Ah ! vous croyez cela, vous. Oui, je sais encore qu'il est de mode de soutenir que la Révolution a tout gâté ; que, sans elle, l'ancienne société se serait corrigée d'elle-même, et que nous serions à cette heure beaucoup plus avancés dans la voie du progrès que nous ne le sommes malheureusement. Eh bien ! moi, je vous réponds que vous ne vous seriez pas corrigés du tout, bien au contraire, je vous le démontrerai, tout à l'heure, preuves en main, et que sans la Révolution qui a balayé vos écuries d'Augias, sans le Premier Consul qui, de sa main puissante, y a introduit l'ordre et la lumière, vous seriez dans un état de décomposition sociale absolument irrémédiable. (Très bien ! très bien !)

Songez donc à l'étrange confusion que présentaient les impôts, confusion où vous avez hâte de retomber si j'en juge par le peu que je sais de vos mirifiques projets, songez à ces compagnies de traitants, à ces 44 fermiers généraux qui se disaient « les colonnes de l'Etat, » et l'écrasaient bien plus qu'ils ne le soutenaient. D'une part, ils faisaient payer au Trésor un intérêt usuraire ; de l'autre ils grossissaient leurs rentrées par tous les moyens possibles. Aussi, n'y a-t-il pas à s'étonner de leur scandaleuse fortune. Un d'eux, Bouret, mangea 42 millions, plus de 70 d'aujourd'hui ; et pourtant ils étaient forcés de partager avec les courtisans en leur assurant des *croupes*, c'est-à-dire des pensions ou des parts proportionnelles à leurs bénéfices. De grands seigneurs, de grandes dames, recevaient de ces honteux présents. Le roi lui-même tendait la main ; oui, messieurs, le roi était *croupier*. (Très bien ! rires à gauche.)

M. LUCIEN BLOND. Nous perdons notre temps. Où tendent tous ces lieux communs ? (Rumeurs.)

M. LEQUART. Où je tends ? Un peu de patience, monsieur, et vous allez le connaître. Vous touchez au pouvoir, à ce que l'on raconte, sachez donc que la première qualité chez un homme qui arrive au pouvoir, c'est de savoir écouter. Je ne l'ai pas toujours su pour mon compte. (On rit.) J'ai eu tort. On me l'a quelquefois reproché, on a eu raison. (Nouveaux rires.) Les traitants dont je vous parlais quand on m'a interrompu, messieurs, ces traitants avaient à leur disposition un Code si compliqué que le contribuable ne le pouvait connaître, si rigoureux que pour le seul fait de la fraude sur le sel, il y avait constamment 1,700 à 1,800 personnes dans les prisons et plus de 300 aux galères. Le Trésor n'était pas plus indulgent : si un receveur de la taille n'y versait point sa recette, on arrêtait les quatre principaux taillables de la localité, quoiqu'ils ne dussent rien à l'État, et on les retenait en prison jusqu'à ce qu'ils eussent comblé le déficit. (Exclamations.)

M. LUCIEN BLOND se lève pour parler.

M. LEQUART. Asseyez-vous, monsieur, et ne vous récriez pas. Ce système renouvelé de l'administration romaine sur les curiales vous fait horreur. Eh bien ! retenez bien ce que je vais vous dire, avec vos projets de décentralisation communale, cantonale, provinciale, — projets que je me suis bien gardé de signer, je me serais coupé la main plutôt que de le faire —, vous y aboutirez de nouveau à cet odieux système, et ce sera pour vous y perdre et le pays avec vous. Voilà où j'en voulais venir, monsieur le futur ministre de l'intérieur. (Sensation.)

On a parlé du clergé, il m'en faut bien parler aussi, quoique j'estime qu'on eût mieux fait de ne pas le mêler à nos débats, fut-ce pour le défendre et le glorifier.(Ecoutez! écoutez!)

L'opinion publique s'obstine à voir dans le clergé un adversaire né de la Révolution et du nouvel état de choses qui en est sorti. Je pense qu'il doit y avoir beaucoup d'exagération dans cette manière de voir. Si quelques membres du clergé, en effet, ont perdu à notre grande crise sociale de la fin du dernier siècle, le plus grand nombre y a gagné. Les diocèses étaient fort inégaux : celui de Rouen renfermait 1388 paroisses; ceux de Toulon et d'Orange 20. Les revenus ressemblaient aux diocèses. L'évêque de Strasbourg, le cardinal de Rohan, avait 500,000 livres de rente, celui de Gap, 8,000, celui de Fréjus, 1,800 à peine, aussi Fleury signait-il « évêque de Fréjus par l'indignation divine. » Un grand nombre d'abbés possédaient à peine 700 livres de revenu; celui de Fécamp pouvait en dépenser 120,000; celui de Saint-Germain près de trois fois autant. A sa sortie du ministère, Brienne, archevêque de Toulouse, prélat perdu de mœurs et d'incrédulité, avait pour 678,000 livres de revenus en bénéfices ecclésiastiques. Beaucoup de curés étaient fort riches, mais beaucoup de vicaires mouraient de faim. Louis XVI mérita leur reconnaissance en fixant leur portion congrue à 150 livres. On voit que les uns avaient trop, les autres pas assez. Je comprends, à la rigueur, que ceux qui avaient trop regrettent ce qu'ils appellent « le bon vieux temps; » mais je comprendrais moins que ceux qui n'avaient pas assez gardassent rancune à la Révolution et au Concordat de Bonaparte, de la répartition plus équitable qu'ils ont faite de la dotation de l'Eglise. Je n'insiste point; je passe, ne voulant mettre mal à l'aise aucun des vénérables prêtres qui nous écoutent. (Chuchottements dans le chœur.)

M. LE GÉNÉRAL DE LA CHAPELLE. Le clergé, dans sa préférence pour tel ou tel régime, n'obéit pas à de vils intérêts terrestres.

M. LEQUART. Oh! général, s'il s'agit des intérêts célestes, laissons-les, ils ne sont pas de votre compétence que je sache, ni de la mienne, non plus. (Hilarité générale.)

Messieurs, puisque au bilan fantastique qui avait été dressé devant vous des fonctionnaires de la centralisation, vous m'avez permis d'opposer le bilan trop réel des magistrats si bruyamment regrettés de l'ancien régime, il me faut aller jusqu'au bout, et vous faire toucher du doigt ce que renferme, ce que contient ce qu'implique cette indépendance, cette autonomie, cette diversité des communes et des provinces dont on vous annonce le retour ou à peu près.

C'est, je le dis nettement, le plus grand attentat qu'un citoyen puisse commettre. Le concevoir seulement est déjà criminel. Et d'où que parte une pareille tentative, de la République ou de la Royauté, je la condamne d'avance et la voue à l'exécration de la postérité. (Mouvement.) Non, non! pas de royauté à ce prix, pas de République, plutôt l'Empire avec toutes ses conséquences! (Violente agitation!) Cela vous étonne?

M. DE CIPIENS. Non, vous avez déjà fait l'Empire une fois.

M. GROS-JEAN. Et pas mal contribué à le défaire.

M. LEQUART. Eh bien! je le referai une seconde fois. (Explosion d'hilarité.) Vous avez raison de rire, messieurs, je viens de parler comme un homme à qui son grand âge n'interdirait pas désormais les longs projets. Je reviens à la calme discussion dont je n'aurais pas dû m'écarter. Que vous disais-je. Ah! oui! J'y suis. On blâme la Convention de sa division territoriale de la France en départements, on regrette l'ancienne division en généralités et en provinces, avec leur affinité séculaire de races, de coutumes et d'intérêts. On a donc oublié ce qu'étaient ces anciennes provinces dont on m'a tout l'air de parler comme les aveugles parlent des couleurs. Ces provinces, messieurs, différaient de condition absolument comme les individus. Elles étaient inégales devant la loi du royaume. Les unes, *pays d'Etat*, telles que le Languedoc, la Bourgogne, la Bretagne, l'Artois, faisaient la répartition de presque tous les impôts entre les contribuables, en percevaient plusieurs qu'elles dépensaient elles-mêmes pour leurs routes, canaux, haras, etc. Dans l'intervalle de leurs sessions, des commissaires élus par elles, formaient une sorte d'administration provinciale permanente qui veillait à l'exécution des décisions prises par les Etats.

M. LUCIEN BLOND. C'était, en un mot, l'organisation de nos Conseils généraux telle qu'elle a été comprise et arrêtée par les dernières lois sur la matière.

M. LEQUART. Oui, à quelques différences près. Mais je ne savais pas que, de ce côté de la Chambre, on eût tant à se louer de l'organisation actuelle des Conseils généraux.

M. LUCIEN BLOND. Nous ne nous plaignons pas de leur organisation, mais de leur composition.

M. LEQUART. Très bien. Je vous attends alors à votre première loi électorale. Les autres provinces, messieurs, *pays d'élection*, ne connaissaient que les ordres de la Cour; enfin, celles-ci payaient des impôts que celles-là ne payaient point ou payaient dans une proportion moindre. Il y en avait, comme la Lorraine, les trois Évêchés et le pays de Labourd, qui n'avaient point de douanes entre elles et l'étranger. D'autres en étaient entourées de toutes parts. En 1789, il existait encore, dans le Midi de la France, 1,200 lignes de douanes intérieures, et la même mesure de sel qui devait être achetée ici 6 livres, là 62.

M. LE PRINCE D'IMPEDIMENTI. C'étaient là des complications et des nécessités locales dont le temps a fait justice et auxquelles personne, absolument personne, ne songe à revenir.

M. LEQUART. Comment, personne? Mais arrivez à l'application rigoureuse et logique de votre projet de Nancy et vous y êtes en plein. Et savez-vous, messieurs, quels seront les premiers et inévitables effets de cette décentralisation que l'on préconise aujourd'hui comme le remède à tous nos maux? On a dit, on a affirmé que la décentralisation serait pour nos populations une double économie de temps et d'argent. Erreur, erreur du tout au tout. Il n'y a rien de plus cher, de plus ruineux qu'un gouvernement décentralisé. En voulez-vous la preuve? Remontez avec moi jusqu'à l'année 1786, en pleine décentralisation, et vous verrez qu'à cette époque la nation payait presqu'autant qu'aujourd'hui. Oui, presqu'autant qu'aujourd'hui, après toutes nos fautes, après tous nos désastres! C'est à peine croyable, mais c'est ainsi. Voici pour l'année 1786 les chiffres que donne M. Bailly, inspecteur général des finances.

Recettes au profit du roi, de diverses natures. . . . . 558,172,000 l.

Recettes au profit des provinces 41,448,000

Recettes au profit de particuliers, de corps et de communautés. . . . . 280,395,000 l.
                                                     ⎯⎯⎯⎯⎯⎯⎯⎯⎯⎯⎯
                                                     880,015,000 l.

Or, la livre de 1786, représente, de nos jours, si je ne me trompe, et je me trompe bien rarement une valeur de 1,58 environ. Donc, 880 millions de livres en 1786 valent en 1873 près de 1,400 millions de francs; mais il faut noter que la récapitulation de M. Bailly n'est pas complète; il a laissé plusieurs impôts sans évaluation. Les droits seigneuriaux fixes ou casuels sur les fonds, sur les personnes et sur les travaux qu'il n'a pas osé évaluer, peuvent être évalués à plus de 160 millions de ce temps-là, ce qui ramènerait le budget de 1786 à ce qu'était, il y a quelques années, notre budget de 1,700 millions. Oui, messieurs, mais n'oubliez pas que trois choses rendaient cette charge beaucoup plus lourde pour nos pères que pour nous : ils étaient beaucoup plus pauvres, près d'un tiers moins nombreux et soumis à une répartition inégale. (Très bien! à gauche.)

M. LE GÉNÉRAL DE LACHAPELLE. Ah! ah! la *dime* du clergé, les exemptions de la noblesse, la *taille*, le *fouage*, le *monnéage*, le *pulvérage*, le *minage*, la *banalité*, etc., etc., tous les refrains du journal *le Siècle*. Mais ne serait-il pas temps d'en finir avec ces évocations d'un passé qui ne saurait revenir? Le Roi a promis qu'il gouvernerait d'après les idées de son temps. Partons de là et finissons-en.

M. LEQUART. Finissons-en, je ne demande pas mieux, et je n'aurais même pas commencé s'il ne m'avait fallu, à mon grand regret, montrer quel avait été le régime renversé par ces principes de 1789 que l'on excommunie aujourd'hui, mais qui n'en resteront pas moins,

selon la belle expression du Premier Consul, les « vérités de la Révolution! »

M. HENNISSON DE L'ESCALIER. Ces vérités-là, pour éclore, n'avaient pas besoin, encore une fois, d'être arrosées de tant de sang. Ce qu'elles avaient de réellement applicable n'eut pas manqué tôt ou tard d'être appliqué, même sous l'ancien régime.

M. LEQUART. Vous croyez cela, vous? Eh bien! vous eussiez attendu longtemps. L'ancien régime, loin de modifier ses errements, n'a fait que les aggraver, pendant les dernières années de son existence. Pour ne prendre qu'un exemple au hasard : contrairement à l'usage généralement suivi par son grand prédécesseur, Louis XV ne voulut plus donner les prélatures qu'aux cadets de bonne maison, si bien que, sous son règne, Bossuet n'eut pas pu être évêque. Autre exemple : un édit de 1750 avait promis la noblesse à tout officier parvenu au grade de capitaine; un autre, de 1781, exigea quatre quartiers de noblesse, pour l'obtention d'un grade d'officier, si bien que, sous Louis XVI, le maréchal Fabert n'eut pas pu être sous-lieutenant. (Sensation.) Et ainsi du reste.

Cela ne vous suffit pas? Attendez, et suivez avec moi cette progression : Sous Louis XIV commence l'abus des lettres de cachet, ces lettres que Malesherbes a flétries dans ses Remontrances au Roi. Sous Louis XV, le duc de la Vrillière avouait en avoir délivré 50,000 durant son ministère, et l'on sait que la marquise de Laugeac, qui avait tout pouvoir sur lui, en faisait commerce. M. de Ségur raconte dans ses *Mémoires*, l'édifiante histoire d'une femme qui, moyennant 10 louis donnés à la marquise, obtint une lettre de cachet contre son mari; celui-ci ayant eu la même idée et payé la même somme, chacun des deux époux fit enfermer le même jour l'autre. (Rires.)

M. LE VICOMTE DE CIPIENS. Voilà bien une anecdote qui ne s'attendait guère à l'honneur de la tribune.

M. LEQUART. Anecdote, soit. Est-ce aussi une anecdote que cette déclaration de d'Esprémenil établissant, à la veille de 89, que les lettres de cachet, sous Louis XVI, avait suivi une progression ininterrompue, et qu'elles étaient aussi nombreuses à elles seules que tous les autres mandats d'arrestation délivrés par les diverses magistratures. Et vous vous plaignez, et vous gémissez que la foudre révolutionnaire ait brisé un pareil état de choses, et vous avez la prétention de nous apitoyer sur de pareilles ruines. Que dis-je! vous annoncez l'intention de les restaurer, n'empruntant aux idées modernes qu'une poignée de plâtre pour le badigeonnage et le trompe-l'œil. A votre aise! mais si ce sont là les seuls fondements et les seuls étais de votre Royauté récrépie, la République et l'Empire peuvent vous laisser faire, vous ne la masquerez pas longtemps. (Applaudissements prolongés à gauche. La séance demeure suspendue pendant cinq minutes.)

M. LE PRÉSIDENT. La parole est à M. Grosjean. (Mouvement de curiosité.)

M. GROSJEAN. Messieurs, ce matin, en me

rendant à l'Assemblée, j'entendis une voix dans la rue qui me criait : « *Allons, Gros-Jean, aux Estats !* » Ce cri, comme bien vous pensez, me fit retourner la tête. Je ne vis personne. Au bout de quelques pas, le même cri retentit : « *Allons, Gr'sjean, aux Estats !* » mais il me sembla cette fois qu'il partait non point de la rue mais de mon for intérieur. Je m'arrêtai court et me tâtai, me demandant anxieusement si, par une malice de la métempsychose, je n'étais pas ce misérable dont il est parlé dans la satyre, « tout errené de coups et du fardeau qu'un pauvre malostru » conduisait aux Estats de 1593. Vous savez bien, messieurs, ce misérable...

Une voix à gauche. Hi, han ! (Rires.)

M. GROSJEAN. Vous m'avez reconnu ! (Nouveaux rires.) Eh bien ! messieurs, j'en suis d'autant plus aise que, de mon côté, je crois, moi aussi, vous avoir reconnus, mais là, parfaitement reconnus. (Hilarité générale.)

Ah dam ! ça n'a pas été sans peine. Vous n'avez plus les mêmes allures, le même masque, le même langage ; mais, au fond, ce sont toujours les mêmes passions et le même sujet de querelle. (Ecoutez ! écoutez !)

Vous, qui siégez de ce côté (l'orateur montre la gauche) vous étiez farouches catholiques, je vous retrouve farouches libres penseurs. Vous ne juriez que par la sainte Ligue, vous ne jurez plus que par la sainte Internationale. Vous aviez le Pape comme point d'appui, vous l'avez comme objectif. Votre patron extérieur s'appelait Philippe II ; si j'en crois l'un des vôtres, M. Pierre Lepouce, il pourrait bien s'appeler aujourd'hui M. de Bismark ; et la République que, sous ses auspices et sous ses encouragements, vous entendez imposer au choix de cette Assemblée me semble avoir plus d'un trait de ressemblance avec l'infante Claire-Eugénie. (Rires à droite.)

A vous, messieurs de la droite, gens d'ordre et de juste-milieu, je n'ai véritablement que des félicitations à adresser. Deux siècles et demi ne vous ont pas changés, vous êtes toujours les mêmes, voulant la monarchie sans la vouloir, et, par peur de la Claire-Eugénie républicaine de vos bruyants voisins, élisant bravement un nouveau cardinal de Bourbon. Car, il n'y a pas à s'y méprendre, les trois quarts d'entre vous ne croient pas à la durée de la monarchie qu'ils vont bâcler (vives dénégations) ; ils la prennent comme pis aller et pour leur permettre d'attendre. (Rires à gauche.)

M. LE GÉNÉRAL DE LA CHAPELLE. Attendre quoi ?

M. GROSJEAN. Attendre ce que l'on attendait en 1593, général, une solution raisonnable et basée sur l'état vrai de la société.

Vous souvenez-vous, messieurs, de cet excellent cardinal de Bourbon ? Sans enfants, sans avenir possible, cela ne l'empêchait pas de prendre au sérieux sa royauté, née de l'expédient et du découragement général. Il avait son programme de règne, tout comme un autre, et déclarait fièrement qu'il n'était, « ni aux parpaillots, ni aux politiques. »

Aujourd'hui, on déclare non moins fièrement que « l'on se tiendra aussi éloigné du Césarisme que de la Révolution. » Autres mots, mêmes choses.

Qu'est-ce donc que cette Révolution ? Qu'est-ce que ce Césarisme dont le contact seul semble inspirer une si forte répulsion aux prétendants, qu'ils soient d'Yvetot ou d'ailleurs ?

De la je ne évolutdirai rien. L'honorable M. Lequart, sans épuiser le sujet, vous en a déjà parlé trop longuement au gré de vos impatiences et de vos colères, que je n'approuve pas, mais que je conçois et que j'excuse.

Sur le Césarisme, je vous promets d'être bref, et j'ai de bonnes raisons pour cela : Je suis le premier à craindre que mes longues oreilles (sourires) ne percent en un sujet qui, depuis vingt ans surtout, a exercé le savoir et l'ingéniosité de tant d'académiciens.

Vous comprenez bien, Messieurs, que mon humilité native me défend d'entrer en lutte ouverte avec d'aussi savants personnages (nouveaux rires), et de prendre parti, à leur suite, soit pour César, soit pour la République romaine, soit même pour l'antique royauté des Tarquins. Gens d'esprit, d'ailleurs, ces Tarquins, et qui avaient eu le bon goût de ne pas léguer à Rome, après des révolutions sans nombre, la superfétation de prétendants antédiluviens. (Rumeurs à droite.)

M. GROSJEAN. Ne vous fâchez pas, messieurs, et ayez de l'indulgence pour des allusions qui, ayant traversé des siècles et des siècles, deviennent aussi permises qu'inoffensives. (Très-bien !)

Je ne prendrai donc parti ni pour César ni pour la République romaine, mais je dirai sinon ce qu'ils firent, du moins ce qu'ils nous ont légué l'un et l'autre. C'est là tout ce qui nous importe. J'ai reçu, vous avez tous reçu, comme moi, un héritage que, par malheur ou par bonheur, nous n'avons pas été libres d'accepter sous bénéfice d'inventaire. Le plus simple bon sens nous fait, dès lors, un devoir d'en dresser l'inventaire une fois pour toutes, et de prendre nos dispositions en conséquence. Voyons, et un peu de logique !

La première de nos donatrices, messieurs, la République romaine, comme toutes les Républiques à grand tempérament et à vie dure, comme Venise, comme l'Angleterre de nos jours, s'était fondée sur la constitution de la famille aristocratique, la plus puissante et la plus énergique qui fut jamais.

M. LE VICOMTE DE CIPIENS. Allons, bon ! c'est un cours d'histoire après un cours de pédagogie politique !

M. GROSJEAN. Monsieur le vicomte, vous auriez mauvaise grâce à vous plaindre de ce qu'on vous parle d'histoire, vous qui vous disposez à en faire. (Très bien !)

M. LE VICOMTE DE CIPIENS. Je ne me plains pas, je me résigne.

M. GROSJEAN. C'est d'un chrétien et d'un homme du monde. On nous a bien appris, au collége, messieurs, ce que c'était, intérieurement, que la famille romaine, son impitoyable unité, son despotisme, sa cruauté même; mais ce que l'on ne nous a pas suffisamment fait voir, c'est l'antithèse violente qu'une pareille institution devait produire extérieurement. Au foyer, la tyrannie absolue, sans contrôle, commandait; dès lors, il fut sans danger que, sur le *forum*, on laissât régner la licence la plus dévergondée qui fut jamais. Il y avait contre-poids; l'autorité domestique tenait haut la bride à la liberté publique; et peu importait que tel ou tel fils de famille dût les plus hautes dignités de la République au dévergondage populaire, du moment que préteur, consul ou même dictateur, son vieux père conservait sur lui droit de vie et de mort, et pouvait, à un moment donné, le faire descendre de son char de triomphe.

Oui, messieurs, mais vint un jour où l'excès même de ce pouvoir paternel causa sa perte. On ne détruisit pas l'antique constitution romaine qui le consacrait, on s'appliqua, comme chez nos voisins d'outre-Manche, à la tourner. Cette constitution voulait que le père de famille qui avait vendu deux fois son fils comme esclave perdît sur lui ses droits de paternité. Cette double vente était une porte ouverte indirectement à l'émancipation des enfants ; on s'y précipita; ce fut une affaire d'entraînement, et nul fils un peu bien né ne trouva bientôt plus à se marier qu'après avoir été vendu par deux fois. La famille moderne, la famille telle que l'a constituée définitivement le Code Napoléon, cette famille-là commençait.

César parut. Son crime, pour les uns, est d'avoir franchi le Rubicon; son titre immortel de gloire pour les autres est d'avoir compris, avec la lucidité du génie, que la question vitale pour son pays venait de se déplacer, et que, du moment que la liberté pénétrait dans la famille, l'autorité avait sa raison d'être sur le *forum*. Grâce à lui, le contrepoids fut rétabli en sens inverse, et grâce à lui la civilisation romaine vécut encore cinq siècles! (Agitation.)

Voilà le Césarisme, messieurs, en dernière analyse et dans sa vérité vraie. Et il faut croire qu'il n'est pas aussi abrutissant qu'on se plaît à le représenter, puisqu'il a traversé les âges, eu raison des invasions barbares, et qu'en définitive toutes les sociétés sincèrement chrétiennes ne vivent que par lui! (Mouvement divers.)

Ah! messieurs, M. Guizot enseigne depuis quelque temps l'histoire de France à ses petits enfants, que ne l'enseigne-t-il aux grands enfants de nos jours! Avec l'autorité et le respect dont il a le secret, il eut appris à Mgr le comte de Chambord notamment qu'il ne lui appartient pas, à lui moins qu'à tout autre, de faire le procès du Césarisme.

Le Césarisme! Mais sa race, jusqu'en 1789, en a été la plus haute et la plus puissante incarnation.

Qu'est-ce que Hugues Capet, sinon le César gallo-romain opposé au César féodal de Germanie? Demandez au Dante le secret de ses indignations contre « ce petit-fils d'un boucher de Paris ! »

Qu'est-ce que Louis-le-Gros? Qu'est-ce que Philippe II, le *divus augustus* de Bouvines ? Qu'est-ce que saint Louis s'intitulant, lui aussi, « *divus imperator* ? » Le droit divin, follement compris de nos jours, est d'origine césarienne, et qui insulte l'une, insulte l'autre. (Rumeurs.)

Et Philippe-le-Bel et ses légistes; et Louis XI et ses gens de « petit Etat; » et Louis XII, et François Ier avec leurs parlements; et Henri IV avec sa poule au pot; et Louis XIV qui ne voulut jamais pour ministres que des bourgeois; tous Césars !

Mgr le comte de Chambord dit non. Qu'il consulte son médailler. Il n'est pas un de ses aïeux qui ne se soit fait portraicturer, non-seulement avec le costume, mais avec les attributs du Césarisme. (Nouvelle agitation.)

Il est vrai, messieurs, qu'à la fin du dernier siècle, par le plus incroyable des malentendus dont l'histoire fasse mention, il est arrivé que l'antique royauté s'est retournée contre son propre principe. Elle avait mis huit siècles, s'appuyant sur le Tiers-Etat gallo-romain, à lutter contre la double féodalité tudesque de la noblesse et du clergé. Tout à coup, ô aberration lamentable! elle a repoussé le Tiers-Etat et n'a plus voulu voir ses appuis naturels que dans le clergé et la noblesse qu'elle abaissait et décapitait autrefois.

On parle de l'inconstance des peuples, que ne parle-t-on un peu plus de l'inconséquence des rois! (Interruption !)

Messieurs, encore un mot, et j'ai fini. Dieu me garde de dire quoi que ce soit qui puisse diminuer, dans vos vénérations, la mémoire du Roi-martyr; mais enfin, à la décharge de notre responsabilité nationale; laissez-moi vous rappeler que, pendant deux ans, de 1790 à 1792, Louis XVI fut supplié à deux genoux par tout un peuple de revenir aux traditions de sa race. Il désespérait de la France, que la France ne désespérait pas de lui. Elle lui offrait tout, elle lui disait : « Je veux ce que les tiens ont toujours voulu; je ne veux qu'une seule administration, la tienne; qu'une seule justice, la tienne; qu'une seule force, la tienne, toi, toi, le gardien de la loi, devant laquelle, tous, petits et grands devront s'incliner également.

Cette offre, je le répète, dura deux ans. Vous savez comment elle fut repoussée, et ce qui en fut la suite.

Après bien des épreuves, bien des malheurs, bien des gloires aussi, la nation distingua un des soldats de la Révolution, et lui dit : « Brutus, sois César, et fais ce que l'autre César aurait dû faire. »

Ce n'était pas tout à fait exact. Le nouveau César, vous le savez, n'avait pas été Brutus; il ne lui en fut que plus facile de remplir la mission qui venait de lui être confiée.

Lui et ses descendants ont passé par des crises diverses; mais, somme toute, aux yeux les plus prévenus, il n'apparaît pas qu'ils aient manqué au but principal, et j'oserai presque dire, impératif, de leur mandat; tandis qu'il n'en est pas de même des deux compétiteurs qui leur sont survenus ou revenus. (Sourires.)

Le problème politique qui vous est soumis

est identique, à tout prendre, à celui qui fut en tout pays et en toute civilisation, soumis aux peuples malades d'une mue sociale. C'est l'éternel problème de la constitution de la famille, rien de plus, rien de moins.

Voulez-vous la supprimer? la République moderne, véritable ironie de la République antique, vous tend les bras. Malgré elle, elle glisse au communisme, et ses matrones sont les *lécheuses* de 1793, ou les *pétroleuses* de 1871. (Indignation à gauche.)

Voulez-vous la ramener, au contraire, à une énergie et une concentration qui ne semble plus dans nos mœurs, votez pour le prince Elzéar. Le droit d'aînesse, qu'il le veuille on ne le veuille pas, est derrière lui avec ses conséquences. (Exclamation.)

Désirez-vous, troisième alternative, vous en tenir à la famille du Code civil actuel, dam! qu'on le veuille ou non, l'héritier de l'auteur de ce Code, en est, par la force des choses, l'unique et inévitable représentant. (Oh! oh!)

Je sais, messieurs, ce qui vous embarrasse, et j'en reviens à mon commencement. Vous préférez attendre.

Attendre que la barbe pousse au prince impérial ou même qu'elle lui grisonne? Ah! peuple vieilli que vous êtes. Dix-huit ans, chez un prince, ne vous suffisent pas, et vous oubliez qu'à dix-huit ans Alexandre-le-Grand commençait son règne; qu'à dix-huit ans Louis XIV entrait au parlement dans l'attitude que l'on sait; qu'à dix-huit ans, enfin, Pitt commençait sa vie publique et qu'à vingt ans, il était premier ministre! (Assez! assez!)

Assez! messieurs, je ne me le ferai pas dire deux fois. En 1593 également, on cria : Assez! à Pierre d'Aubray. Trois ans s'écoulèrent de troubles et déchirements où la France menaça de disparaître.

Il n'eut tenu qu'aux Etats de 1593 d'éviter à la France ces trois terribles années; ils ne le voulurent ou ne le purent pas. La France, à la longue, ne s'en tira pas moins d'embarras; il en sera de même encore cette fois ci. (Une longue agitation succède à ce discours.)

Voix nombreuses. La clôture! la clôture!

M. LE PRÉSIDENT. La clôture étant demandée, je suis obligé de la mettre aux voix.

Après une épreuve douteuse la clôture est prononcée.

VOTE

M. LE PRÉSIDENT. Messieurs, je dois faire part à l'Assemblée d'une demande signée par 87 de nos collègues et tendant à ce que, vu l'inégalité du nombre de nos mandants respectifs, le vote ait lieu d'après ces bases : Chacun de nous aurait un centième de voix par chaque dix électeurs, une voix entière par chaque mille, de façon à approcher le plus près possible de la représentation exacte du mandat qui nous a été confié.

Voix nombreuses à droite. Non, non. C'est impossible, cela ne s'est jamais vu !

Une voix à gauche. Cela s'est vu dans quelques contrées aux élections générales de 1789. Vous ne pouvez récuser ces votes-là. (Agitation prolongée.)

M. LE PRÉSIDENT. Il faut en finir. Tout vaut mieux que l'hésitation sur ce point. Je supplie l'Assemblée, au nom de la dignité du pays, de prendre au plus vite une décision soit pour, soit contre la demande proposée. Que ceux qui sont d'avis de l'adopter veuillent bien se lever.

M. LE VICOMTE DE CIPIENS. Nous réclamons le scrutin public, et je demande la parole...

M. MIAOU-LAVILLE. Il est trop tard, on ne parle pas entre deux épreuves.

M. LE PRÉSIDENT. Que ceux qui sont d'avis de repousser ladite demande, veuillent bien se lever à leur tour.

Après avoir consulté le bureau, le Président déclare que la demande est repoussée. (Longue sensation.)

M. LE PRÉSIDENT. On va procéder au vote sur la proposition de M. de Cipiens.

Le vote a lieu. La séance est suspendue de fait.

PROCLAMATION DU SCRUTIN

M. LE PRÉSIDENT. Messieurs, avant de proclamer le résultat du scrutin, j'ai besoin, vu ses résultats infinitésimaux, d'assurer à la Chambre que son bureau a vérifié les chiffres par trois fois, et que toute erreur est impossible.

Nombre de votants............ 181
Majorité absolue............... 91

Pour............ 91
Contre............ 90

Messieurs, à la majorité d'une voix, la proposition de M. de Cipiens est adoptée.

Une voix. Ah! Je sais enfin pourquoi mon ami Postillon est malade!

M. LE PRÉSIDENT. Mon devoir m'oblige à ne pas permettre que l'on conteste le vote. Il est acquis.

Il me reste maintenant à demander à l'Assemblée, de vouloir bien nommer la députation qui sera chargée, selon l'usage, je crois, de porter à Sa Majesté le résultat du vote.

L'Assemblée consultée décide que son bureau se réunira immédiatement à Sassetot-le-Mauconduit. Jusqu'à son retour, elle restera en permanence.

La séance est de nouveau suspendue.

Elle est reprise à neuf heures. M. le Président rend compte de l'acceptation de Sa Majesté.

L'Assemblée se sépare aux cris de : *Vive le Roi.*

A gauche. Oui, *vive le Roi quand même.*

Le Chef des Rédacteurs sténographes,

GRANDGUILLOT.

IMPRIMERIE BALITOUT, QUESTROY ET Cᵉ,
Rues Baillif, 7, et de Valois, 46.

EN VENTE A L'IMPRIMERIE ROYALE D'YVETOT

et chez tous les Libraires de Paris

LE ROI D'YVETOT

JOURNAL OFFICIEL DU PAYS DE CAUX

« *Allons, Gros-Jean, aux Estats!* » (Satyre Ménip.)

SOMMAIRE :

PARTIE OFFICIELLE. — Proclamation de S. M. le Roi au peuple d'Yvetot. — Nomination des Ministres. — Ordonnance du Roi réglant les couleurs du Drapeau yvetotais. — Charte cauchoise à la mode de Nancy. — Rapport au Roi sur le titre de Vidame de Saint-Wandrille. — Rapport au Roi sur le suffrage universel — Ordonnance du Roi y relative. — Rapport au Roi sur le droit d'aînesse. — Ordonnance du Roi rétablissant ledit droit et préscrivant l'élaboration d'une loi sur les minorats masculins et féminins. — Ordonnance du Roi sur les monnaies d'or, d'argent et de cuivre à son effigie ou à son chiffre — Ordonnance du Roi préscrivant la liquidation de la dette publique. — Ordonnance du Roi supprimant les traités de commerce. — Ordonnance du Roi portant nomination des Princes de sa Famille comme officiers, officiers supérieurs et officiers généraux dans les armées de terre et de mer. — Lettre de Sa Majesté à LL. Exc. les Ministres de la guerre et de la marine relative à ces nominations.

PARTIE NON OFFICIELLE. — Un 5 novembre anticipé à Yvetot. — Restauration de S. M. Elzéar XIX. — La Connétablie et le lieutenant-général Douglas. — Assemblée nationale d'Yvetot.

PUBLIÉ PAR

M. A. GRANDGUILLOT

BROCHURE GRAND IN-8° — PRIX · 60 CENTIMES